本书得到潍坊学院博士科研基金项目“论怎样提升‘潍坊港’在潍坊地区经济发展中的辐射作用”（2015BS17）的资助

可持续港口竞争力评价与青岛港的发展战略研究

王利梅　著

中国社会科学出版社

图书在版编目(CIP)数据

可持续港口竞争力评价与青岛港的发展战略研究/王利梅著.—北京:中国社会科学出版社，2017.4

ISBN 978-7-5203-0038-4

Ⅰ.①可…　Ⅱ.①王…　Ⅲ.①港口经济—经济发展战略—研究—青岛　Ⅳ.①F552.752.3

中国版本图书馆CIP数据核字(2017)第054320号

出 版 人　赵剑英
责任编辑　周晓慧
责任校对　无　介
责任印制　戴　宽

出　　版　中国社会科学出版社
社　　址　北京鼓楼西大街甲158号
邮　　编　100720
网　　址　http://www.csspw.cn
发 行 部　010-84083685
门 市 部　010-84029450
经　　销　新华书店及其他书店

印刷装订　北京君升印刷有限公司
版　　次　2017年4月第1版
印　　次　2017年4月第1次印刷

开　　本　710×1000　1/16
印　　张　12.25
插　　页　2
字　　数　202千字
定　　价　46.00元

目　录

前　言

随着市场经济全球化进程的加剧，技术进步、信息化等的发展，竞争手段也变得多样化，企业面临的外部环境越来越复杂，企业要维持竞争优势也越来越举步维艰。特别是竞争企业间的互动程度大幅提高，对竞争市场上竞争对手的反应速度也愈加迅速。在动态环境里，企业已经取得的竞争优势随着外部环境的变化或者竞争对手的反击可能会消失，因此企业应该随着环境的变化通过实施动态战略，不断地创造出新的竞争优势从而获得持续竞争优势并实现竞争力的持续维持。

港口企业也不例外。它也面临着宏观经济环境变化、物流体系功能创新、生态环境恶化等外部环境因素，怎样通过调整经营、实施战略转换等方式持续地维持港口的竞争力，成为目前港口经营管理者的关注热点。

有关传统港口竞争力的文献研究大部分从静态的观点出发，通过对某时间点港口竞争结果的评价来评价港口竞争力，主要通过港口吞吐量、港口设施、港口服务水准等港口外在的竞争实力来评价港口的竞争力。以上传统评价方法忽视了港口资源、能力和环境间的协调关系，没能发掘出随着环境变化而产生的影响未来港口竞争力的潜在影响因素，因此存在着一定的局限性。

本书在考察了竞争力的相关理论后，结合港口竞争力的变化特征，明确了可持续竞争力的概念，并构建了可持续港口竞争力的评价指标体系，通过实证分析探讨了青岛港可持续发展战略的可行性。

本书主要从港口成果改善、港口效率改善、港口环境改善三个领域评价了可持续港口竞争力。港口成果改善主要是以吞吐量增加为评价指标，体现了港口吸引货物的能力，是对港口发展水平数量变化的评价；

港口效率改善主要是通过动态生产率变化分析来评价港口经营管理能力和资源配置能力的变化，是对港口发展质量变化的评价；港口环境改善主要分析了对港口的稳定性和可持续发展存在影响的港口竞争力的潜在的、间接的影响要素，以及评价了可以维持港口可持续发展的外在环境的变化。

第一，主要从互动性、动态特征性和外部环境的影响分析了竞争力的构成要素。通过对动态能力和竞争优势关系的梳理，发现了依据未来环境变化而执行的动态战略能够连续不断地创造出新的竞争优势，一系列竞争优势的积累就可以形成可持续竞争优势。

第二，通过分析港口竞争力的特征，发现了可持续港口竞争力的三大构成要素：资源、能力和环境。

第三，通过分析资源、能力和环境三大要素对港口竞争力的影响，比较了传统港口竞争力和环境友好型可持续港口竞争力的不同内涵，从而明确了可持续港口竞争力的概念，并指出了构建绿色港口物流体系是港口维持可持续竞争力的未来变革之路。

第四，考察青岛港的发展现状和青岛港的发展战略，通过青岛港与中国其他六大集装箱港口在港口基础建设规模、港口吞吐量实绩、港口物流服务水平、绿色港口建设等层面的指标比较，评价了青岛港可持续竞争力的存在状态。

第五，通过以上分析，构建了可持续港口竞争力的评价指标，主要包括港口环境、吞吐量实绩、港口效率等指标。其中，港口环境指标数据采用了港口所在省份环境保护投资额的数据；吞吐量实绩指标数据采用了集装箱吞吐量数据；港口效率指标数据采用了依据 Malmquist DEA－BCC 模型计算出的动态效率数据。最后，分析了中国七大集装箱港口上海港、深圳港、宁波—舟山港、青岛港、广州港、天津港和大连港的动态效率和效率差异的原因。

实证结果显示，青岛港与中国其他六大集装箱港口相比，在环境改善和绿色港口政策层面、港口吞吐量持续增长层面、港口效率持续改善层面都具备了一定的竞争优势，未来这些优势如果持续得到维持，将有利于青岛港实现竞争力的可持续增长。

综上所述，本书的主要研究内容如下：通过对港口内外环境变化的分析，发掘出港口竞争力间接的、潜在的影响要素，分析了可持续港口竞争力的影响因素并明确其构成要素和评价指标。通过对可持续港口竞争力的评价，发现了构筑绿色港口、港口吞吐量增加、港口效率等方面的问题，探讨了港口竞争力的可持续性，并希望对处于经济转型期中的中国港口的可持续发展战略提出建设性的意见。

在实践方面，本书考察了青岛港的发展现况，分析了青岛港的发展战略和可持续竞争力的关系。同时，通过与中国其他六大集装箱港口的比较，评价了青岛港的可持续竞争力，分析了青岛港可持续竞争力的变化趋势，判断了青岛港竞争力的存在状态并发现其在未来发展中可能存在的问题，希望为青岛港的可持续竞争力培育提供探索性的战略方案。

本书是由我的博士论文整理而成的，在写作过程中，我的导师韩国庆尚大学经济管理学院国际商务系蒋凤圭教授给予了悉心的指导，特别是在研究方法创新和实证模型构建方面的独到见解启发了我的智慧和灵感，在这里表示深深的感谢和无比的敬意。另外，我的家人也给予我极大的支持，在这里也向我挚爱的亲人表示无限的感激。最后，由于作者的水平和研究范围所限，书中难免存在错漏之处，望广大读者批评指正。

王利梅

2016 年 10 月

第一章　绪论

第一节　研究背景

今天，随着市场经济全球化进程的加剧，技术进步、信息化等的发展，竞争手段也变得多样化，企业面临的外部环境越来越复杂，企业要维持竞争优势越来越举步维艰。特别是竞争企业间的互动程度大幅提高，对竞争市场上竞争对手的反应速度也愈加迅速。在动态环境里，企业已经取得的竞争优势随着外部环境的变化或者竞争对手的反击可能会消失，因此企业应该随着环境的变化通过实施动态战略，不断地创造出新的竞争优势，从而获得持续竞争优势并最终实现可持续竞争力。

港口企业也不例外，它同样面临着宏观经济环境变化、物流体系功能创新、生态环境恶化等外部环境因素，怎样通过调整经营、进行战略转换等方式持续维持港口的竞争力，成为目前港口经营管理者的关注热点。

港口面临的宏观经济环境变化主要是指2008年世界经济危机以后，宏观经济增长缓慢、进出口不景气导致的海上货运量的增加速度降低，舱位供大于求、港口设施闲置等经营效率低下问题。

物流体系功能创新主要是指随着顾客需要多样化和服务品质改善要求的加强，港口物流面临着通过降低时间和费用成本来提高运营效率的创新任务。同时，海运经营方式也面临着船舶大型化、干线航路港口起航等追求规模经济效益等集约化经营方式转换的问题。为了适应这些变化，越来越多的港口通过开发深水泊位、购置先进化的装卸机械等来提高港口的物流效率，以吸引大型船舶停靠，确保港口吞吐量持续稳定增长。

另外，人类在社会生产活动过程中产生的废弃物给生态环境带来了负面影响，环境恶化导致的气候灾害严重威胁着港口的生产安全，环境问题渐渐成为港口竞争力潜在的、间接的影响因素，因此港口应朝着面向未来的低碳·绿色港口转型发展。

鉴于港口环境的变化，港口竞争力怎样才能得到持续维持这一问题成为本书研究的核心课题。

有关传统港口竞争力的文献大部分都从静态的观点出发，通过对某时间点港口竞争结果的评价来评价港口竞争力，主要通过港口吞吐量、港口设施、港口服务水准等港口外在的竞争实力来评价港口的竞争力。这种传统评价方法忽视了港口资源、能力和环境间的协调关系，没能发掘出随着环境变化而产生的影响未来港口竞争力的潜在要素，存在着一定的局限性。

本书在考察了竞争力的相关理论后，结合港口竞争力的变化，提出了可持续竞争力的概念，同时从动态的观点对某时间段港口竞争力的变化过程进行了实证分析，从而评价港口竞争力的持续状态。

本书主要从港口成果改善、港口效率改善、港口环境改善三个领域评价了可持续港口竞争力。港口成果改善主要是以吞吐量增加为评价指标，体现了港口吸引货物的能力，是对港口发展水平数量变化的评价；港口效率改善主要是通过动态生产率变化分析来评价港口经营管理能力和资源配置能力的变化，是对港口发展水平质量变化的评价；港口环境改善主要是指在港口的稳定性和可持续发展层面所存在的潜在的、间接的影响要素，以及对可以维持港口可持续发展的外在环境变化的评价。

第二节　研究目的

本书通过对港口内外环境变化的分析，发掘出港口竞争力的内在和外在、直接和间接的、现实和潜在的影响要素，分析了可持续港口竞争力的影响因素并明确其构成要素和评价指标。另外，通过对青岛港可持续港口竞争力的评价，发现其在构筑绿色·低碳港口物流体系，实现港口吞吐量稳定增长，不断改善提升港口效率等方面存在的问题，探讨了青岛港竞争力的可持续性。

在实践方面，本书考察了青岛港的发展现况，分析了青岛港的发展战略和可持续竞争力的关系。同时，通过和中国其他六大集装箱港口的比较，评价了青岛港的可持续竞争力，分析了青岛港的可持续竞争力的存在状态，判断了青岛港在中国其他六大集装箱港口中的竞争力位置并指出其在未来可持续发展中可能存在的问题，希望以青岛港为研究案例并借鉴其可持续发展战略经验对经济转型期中国港口的可持续发展战略提出建设性的意见。

第三节　研究结构和方法

一　研究结构

本书的主要研究结构如下：第一章作为绪论提出了研究的背景和目的。第二章通过对竞争力理论的考察，总结出可持续竞争力的定义，并结合港口竞争力的特征分析了可持续港口竞争力的含义和实现路径。第三章考察了青岛港的发展现况并探讨了青岛港的发展战略，进而分析了青岛港的可持续竞争力状态。第四章构建了可持续港口竞争力的评价指标，以港口成果性、港口效率、港口环境为重点评价指标并利用 Malmquist DEA - BCC 模型实证了青岛港的可持续竞争力。第五章简单总结了本书的主要研究成果并分析了青岛港可持续发展战略的妥当性，并提出了本书研究结果对转型期中国港口可持续发展战略的借鉴意义，最后指出了本书研究在可持续港口竞争力关于评价指标选取和实证模型选取方面的局限性。

二　研究方法

本书的研究方法如下：首先，通过对竞争力的理论考察和文献研究，分析了可持续竞争力的含义，进而着眼于港口的特征提出了可持续港口竞争力的概念。其次，通过案例研究考察了青岛港总体的发展现况和战略发展目标，评价了青岛港的可持续竞争力存在状态，并以青岛港的可持续发展过程为参照把港口成果性、港口效率、港口环境三大领域作为重点，提出了港口竞争力的构成要素，并构建了可持续港口竞争力的评价指标体系。

另外，以可持续港口竞争力的评价指标为依据，对青岛港的可持续竞争力进行了评价。对青岛港港口吞吐量成果的评价主要以青岛港的集装箱吞吐量为中心评价了青岛港的竞争力。

最后，为了把握青岛港竞争力得以持续维持的原因，从动态的效率和静态的效率两个方面实证分析、评价了青岛港的效率。动态效率分析主要利用了生产率变化指数分析 Malmquist DEA - BCC 模型，分析资料采用了中国七大集装箱港口 2007—2012 年的面板数据。静态的效率分析主要利用了 DEA - BCC 多阶段模型，分析数据采用了 2007—2012 年中国七大集装箱港口的横截面资料，求出各个港口的技术效率值和规模效率值。对青岛港港口环境改善和绿色港口构筑方面的评价主要以青岛港所处的山东省环境保护投资金额数据为评价指标进行了分析评价。

第二章　可持续港口竞争力

第一节　竞争、竞争力和竞争优势

一　竞争和竞争力

竞争是生物学、化学、社会科学以及经济学等领域的基本要素。竞争行为是竞争者之间依据特定的规则为了获得同样的竞争目标发挥各自的能力而获取目标的活动。

竞争的特征如下：首先，竞争对象必须一致。竞争主体只有在为了获取同样的竞争对象时才会产生竞争行为，为了追求不同的竞争对象而发生的行为不属于竞争行为。其次，竞争对象属于稀缺资源，并且不易获取。再次，竞争的最终目的是获取竞争对象，而不是反对竞争对手。最后，竞争必须依据特定的社会规范进行。为了预防不正当竞争的发生必须制定相关的法律或者制度。总之，竞争可以被看作是为了获取稀缺的资源，竞争者各自发挥的能力。

从经济学的意义来看，竞争可以看作是市场经济发展的驱动力。竞争是经济主体在市场上为了获得各自的经济利益或者实现特定的目标而展开的不断角逐的过程。在市场经济里，因为通过竞争可以实现有效的资源配置，从而调节经济运营的效率，所以市场经济也被称为竞争经济，竞争的本质是为了获取稀缺资源。

近来，竞争力这一概念不仅在经济学领域，而且在经营学诸多领域都在使用并对之展开了讨论。大部分的研究者都把竞争力和国家、产业、企业、产品等结合在一起定义竞争力的含义。

比如，国家作为竞争主体时，IMD（International Institute for Management Development）把竞争力定义为国家创造附加价值的能力。波特

(Porter) 认为，竞争是国家为了产业发展而创造出的产业环境。[①] 中国台湾工业技术研究院副主任游启聪认为，竞争力是各种价值和成本的比例，即"竞争力 = Σ （V_i（价值项目）/C_i（成本项目））"。中国学者樊纲认为，"竞争力是一国的产品在国际市场上占据的位置，竞争力的概念最终可以理解为成本的概念"。

竞争力是竞争主体在竞争过程中显示的能力，是相对的指标，因为竞争主体竞争力的大小必须经过竞争过程才能显示出来，所以竞争力的大小很难测定。竞争力是表示竞争主体的现实实力的指标，但是实际上也包含了竞争力主体所具有的潜在实力。

比如，竞争主体是企业的情况，企业竞争力反映了竞争主体所具有的特定优势。依据竞争对象来看，企业竞争力是竞争主体对竞争对象的吸引力（或者获取能力）。从竞争结果层面来看，企业竞争力是竞争主体对所追求利益的收获能力。为了强调这点，张金昌认为，企业竞争力可以被说成是企业因为特定优势和能力以及对竞争对象的吸引力而获利的能力。[②]

因此，竞争力依据研究对象的不同有不同的概念，比如国家竞争力、区域竞争力、产业竞争力、企业竞争力、产品竞争力等。从宏观来看，国家竞争力是国家创造附加价值的能力，是国家通过资产经营、制度吸引力，积极的整合关系从而实现经济实力提升、社会福利水平提高、国家财政收入增加的能力。产业竞争力是某地区或者国家特定的产业与其他地区或者国家的同一产业相比，在生产效率、市场需求、持续盈利等方面显示出的竞争能力。

从微观来看，企业竞争力是在竞争性市场条件下，企业在自我拥有资源以及培养能力的同时寻求外部资源并加以综合利用，并通过为客户创造价值的活动来实现企业自我价值的综合能力。

综上所述，国家竞争力由产业竞争力形成，产业竞争力由企业竞争力形成，企业竞争力由产品竞争力形成，产品竞争力体现为品质竞争力、价格竞争力、营销竞争力、服务竞争力等形式。

---

① Michael E. Porter, "The Competitive Advantage of Nations," *Harvard Business Review*, March, 1990.

② 张金昌：《国际竞争力评价的理论和方法》，经济科学出版社 2002 年版。

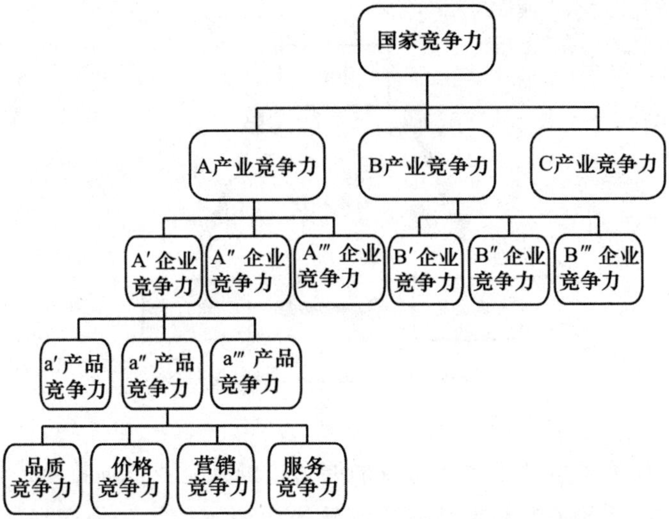

图 2－1　国家竞争力、产业竞争力和企业竞争力的关系

二　竞争力的构成要素

因为竞争力是在特定环境下竞争主体为了获取竞争目标而展开的追逐行为，所以竞争力的基本要素包括作为竞争目标的资源、竞争主体的行为、竞争环境等。薄湘平、易银飞就竞争力的形成关注了这三方面要素的作用，认为资源是企业竞争力形成的基本条件，能力是企业竞争力形成的必要条件，外部环境对企业资源和能力的发挥产生影响。因而，在已有研究的基础上，本书把资源、能力、环境和竞争力的关系总结如图 2－1 所示：资源是竞争力形成的基础，发挥支撑作用；能力是对资源的利用力，发挥提高资源利用效率的作用；环境变动是资源结构调整和能力体系调整的驱动力。

在以制造业为主导的经济结构里，自然资源的赋存度是企业竞争力的核心资源要素，但是随着经济结构向着以知识经济为主的转换，信息、知识、制度创新、技术创新等能力要素越来越成为企业竞争力的资源要素。朱晓娟强调企业竞争力的构成要素不仅包括生产层面的要素，也包括信息、知识、创新能力等潜在能力要素。①

① 朱晓娟：《产业竞争力研究的理论和方法》，首都经贸大学 2004 年博士学位论文。

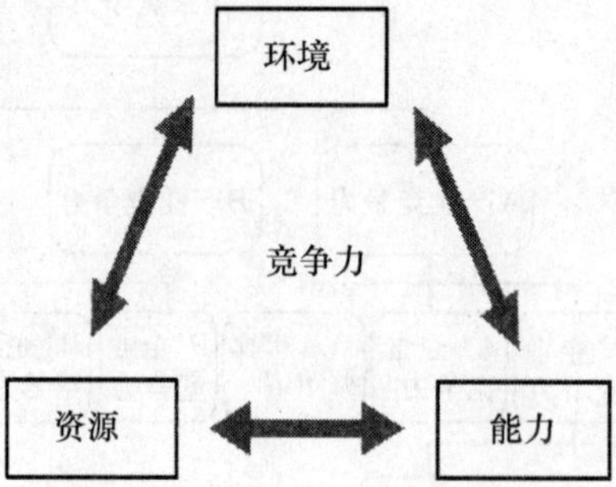

图2-2 竞争力的构成要素

企业作为竞争的主体，企业的能力指的是企业依据特定的目标和规则，通过有效的资源利用并把资源转换成消费者需要的产品或者服务，从而提高企业竞争力的过程。但是，资源是企业能力的载体，因为资源的赋存度是能力的基础，因此企业发挥能力的时候必须有资源作为支撑力。

另外，企业离开了环境也无法生存，环境的变化为企业的发展提供了机会，同时也可以成为威胁要素。企业在运营过程中，从外部环境里可以获取顾客需求、竞争状况、技术动态、政策法规等变化信息，这样的外部环境直接或者间接地影响着企业的经营活动。因为环境在不断发生变化，所以企业必须依据环境的变化而主动调整资源结构和能力体系才能持续生存下去。

三 竞争力和竞争优势

霍弗和申德尔（Hofer & Schendel）认为，竞争优势是“一个组织通过资源配置比竞争对手具有更独特的市场定位”。[①] 波特强调在特定产业特定企业的竞争中，成功是因为不断地创造出竞争优势并保持竞争优势。[②] 以此为据，竞争优势是一个国家在世界市场竞争中显示出的现

① W. C. Hoffer, and D. Schendel, *Strategy Formulation: Analytical Concepts* (St. Paul, MN: West, 1978).

② Michael E. Porter, "The Competitive Advantage of Nations," *Harvard Business Review*, March 1990.

时优势，即生产力发展水平的表现，竞争优势可以用市场占有率等定量指标来评价。还有获得竞争优势的路径和方法可以通过适应市场需求变化、创新竞争机制等来实现。竞争优势的长期持续性取决于特定的资源优势、竞争优势的种类和数量、竞争优势的持续改善以及更新能力三方面的要素。

巴尼（Barney）认为，竞争优势是一个企业可以比现在或者潜在的竞争对手创造出更多价值的战略执行能力。[①] 贝赞可等主张企业的成果超过产业平均水平的时候就产生了竞争优势。[②] 项保华、李绪红认为，竞争优势是企业以自身资源、能力、信用等综合实力为基础给客户提供的更有价值的产品或者服务的经营能力。[③]

综合以上观点来看，竞争优势是企业在竞争过程中为了超过竞争对手而以自身资源或者能力为基础，通过特定的业务经营活动或者竞争战略所创造出的独特的优势。通常，竞争主体通过这样的竞争优势可以比竞争对手更高效地为顾客创造出更高的价值。

最终，竞争优势是企业在产业内特定领域（资源、能力或者环境）里所占据的相对优越的位置，是企业竞争力的源泉。因为企业价值的实现可以通过最终产品在竞争市场上所占据的相对优势来实现，所以也可以说竞争优势是竞争力的实现路径。

总之，企业竞争力是一种综合能力。竞争优势是竞争主体（企业）在竞争过程中在特定领域显示出的比竞争对手更优秀的能力，可以看作是企业竞争力的构成部分。从概念上来看，竞争优势是资源、能力、环境等领域的单独表现，竞争力是对资源、能力、环境的综合表现。正如王核成[④]所说，竞争优势评价是各要素的位置与产业平均水平相比的评价，竞争力是综合能力的比较评价。因此，竞争优势作为竞争力的构成部分可以作为竞争力的评价要素。

---

① J. B. Barney, "Looking Inside for Competitive Advantage," *The Academy of Management Executive*, 1995, 9 (4), 49-62.

② 贝赞可、德雷诺夫、尚利：《公司战略经济学》，北京大学出版社 1999 年版。

③ 项保华、李绪红：《管理决策行为》，复旦大学出版社 2005 年版。

④ 王核成：《动态环境下的企业竞争力：基于动态能力观的竞争力及其演化研究》，科学出版社 2010 年版。

第二节 竞争优势的持续和可持续竞争力

一 动态环境变化和竞争优势的形成与消失

企业存在的社会、经济、政治、技术等外部宏观环境是不断变化的，特别是经济体制的创新让企业的外部环境变得更加复杂和多样化。另外，因外国人投资和跨国企业的市场进入，市场经济也发生着激烈的变化。

科学技术变化对企业实现顾客价值的方式带来了诸多影响。比如，产业技术进步导致技术相对落后的企业就会被竞争对手超越，从而其竞争力就会下降。特别是以信息技术为首的竞争手段缩短了世界各国间的空间距离，令竞争对手之间的互动程度大幅提高，加速了在国际以及国内市场上的竞争和反应速度。网络技术和电子商务的发展从根本上改变了企业的经营环境、运营方式和竞争手段，让更多的企业在全球化市场范围内能够更加有效地调整战略行动和竞争行为。

市场需求的变化对企业的经营成果也产生了巨大的影响。在市场经济里，所有企业的经营活动的出发点都是直接或者间接地从顾客的需求开始。市场上供给者越多，消费者选择的余地也就越大，消费者的关注焦点已经从最初的价格转换到了对品质和服务以及特色的需求等上。

随着世界经济的全球化以及科学技术的极速发展，企业赖以生存的环境也迅速变化着。因为科学技术和市场等各种环境要素的迅速变化，个别企业已经获得的竞争优势将不可能得到持续保持。特别是因为技术创新、消费者偏好的变化以及竞争对手对此的反应，都可能导致已经形成的竞争优势的价值自然消失。如图 2－3 所示，企业新开发的竞争优势可能会因为环境的变化而导致其价值自然消失，或者也可能会因为竞争对手的行动而遭到破坏。

二 竞争优势的持续

在飞速变化的企业环境里，怎样持续保持企业的竞争优势成为企业经营的核心任务。霍弗和申德尔把持续竞争优势定义为企业针对竞争对

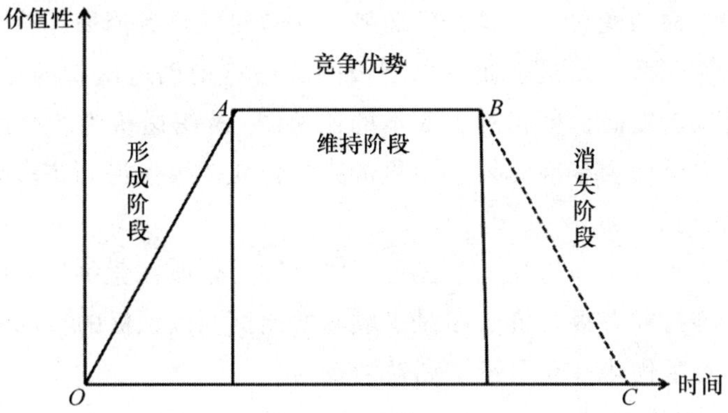

图 2－3　竞争优势的形成和消失

手开发的可以持续超越对手的能力。[①] 邹国庆认为，持续竞争优势包含两方面的意义：一方面是在价值创造方面企业向顾客提供的可以超过竞争对手的能力再造的动态过程；另一方面是持续竞争优势不仅包括较高的利润增加这一表现，而且也包括对未来的投资，可以为顾客提供更好的、更长久的价值创造的潜在能力。[②]

吴应宇、路云认为，持续竞争优势包含两种要素：一是能力和知识的区别化以及不可模仿性；二是资源、能力和知识的不可替代性。[③] 刘建伟、张正堂指出了持续竞争优势的两个特征，即“动态性”和“连续性”[④]。“动态性”指的是在所有市场条件下，竞争优势都是短期的、一定条件下的，因此只有不断创造出新的条件才可以持续保持竞争优势。“连续性”指的是绝对的竞争优势由相对的竞争优势所构成，长期竞争优势由短期竞争优势构成。

朱晓娟认为，如果从长期的、动态的观点来分析，企业的竞争优势

① W. C. Hoffer, and D. Schendel, *Strategy Formulation: Analytical Concepts* (St. Paul, MN: West, 1978).

② 邹国庆：《持续竞争优势：企业能力与环境的融合进化》，《吉林大学社会科学学报》2003 年第 1 期。

③ 吴应宇、路云：《企业可持续竞争能力及其影响因素分析》，《中国软科学》2003 年第 5 期。

④ 刘建伟、张正堂：《过程导向的可持续竞争优势因素因果关系链分析》，《中国科学管理》2003 年第 2 期。

表现出两方面的变化。一是竞争优势因为被侵蚀或者消失，价值相对于成本的比例降低；二是企业采取积极的战略行动创造出新的竞争优势，从而保持或者提高价值相对于成本的比例。[①] 游明达认为，持续竞争优势是以某一时点为基准的某一竞争优势的长期持续保持和诸多短期竞争优势的集合。[②]

从概念来分析，持续竞争优势可以理解为企业在竞争过程中为了比竞争对手维持或者提高价值相对于成本的比例，以积极的行动不断地创造出新的竞争优势并获取经济利益的行为。

（一）动态环境下企业的持续竞争优势

在知识经济时代，企业日益面临日新月异的技术变化、产品更新、消费者需求变化、竞争环境变化等动态的环境。在动态的环境下，如果企业仅仅固守原有的竞争优势，就会面临被创新能力突出的竞争对手替代的风险。因此，企业只有顺应环境的变化，不断更新自己的能力，才会持续创造出一系列短期的竞争优势，通过一系列短期竞争优势的积累从而获取长期的持续竞争优势。

企业虽然可以通过创造出短期竞争优势而发挥出优势效益，但是如果遭到竞争对手攻击，这样的优势可能会因无法得到发挥而失去价值，因此只有不断创造出新的竞争优势才能发挥持续竞争优势。因为竞争优势的价值会随着环境的变化而自然消失，所以企业必须在原来的竞争优势被侵蚀之前，主动地迅速创造出新的竞争优势。企业只有在原有的竞争优势衰退之前，不断地创造出新的竞争优势，才能在原有的竞争优势消失之前，使得新的竞争优势处于上升状态，以此接续原有优势，其竞争优势的价值才能得以持续保持。因而麦克米兰（MacMillan）指出，只有不断地创造出一系列的短期竞争优势，才能获取持续的竞争优势。[③] 综上所述，竞争优势的动态持续过程如图 2－4 所示。

---

① 朱晓娟：《产业竞争力研究的理论方法和应用》，首都经贸大学 2004 年博士学位论文。

② 游明达：《高新技术企业创新能力》，《统计与决策》2004 年第 6 期。

③ I. C. MacMillan, "Controlling Competitive Dynamics by Taking Strategic Initiative," *The Academy of Management Executive*, 1988, 2 (2), 111-118.

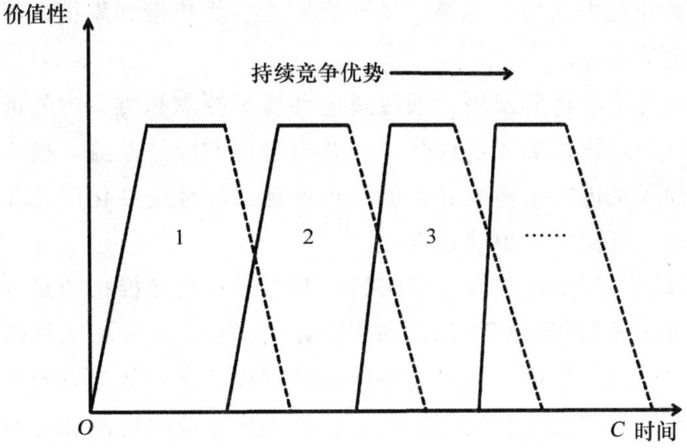

图 2-4 竞争优势的动态持续

对此，D. 戴维尼（D'Aveni）和游明达也认为，持续竞争优势是一系列短期竞争优势的集合。[①] 也就是说，持续竞争优势是由一系列短期竞争优势积累的和构成的。短期竞争优势的持续创出可以通过企业资源再配置和组织能力的更新等途径来实现。蒂斯（Teece）认为，竞争优势不仅来自于企业资产或者能力属性，也来自于对资源的整合或者规划以及战略过程。[②]

（二）动态能力和持续竞争优势的构建

企业持续地创造出新的竞争优势从而保持竞争优势的过程可以用动态能力理论来说明。蒂斯认为，动态能力是通过对企业内部和外部能力的整合、构筑和再造从而适应极速变化环境的能力。[③] 其中的“动态”指的是企业为了适应环境变化的更新能力，“能力”指的是对内部和外部资源的统合和配置能力。企业的动态能力决定了未来企业能力发展的方向。依据动态能力理论，企业不断地对内部和外部资源进行再造从而

---

① R. A. D'Aveni, *Hypercompetition: Managing the Dynamics of Strategic Maneuvering* (New York, Free Press, 1994). 游明达：《高新技术企业创新能力》，《统计与决策》2004 年第 6 期。

② D. J. Teece, R. Rumelt, and A. Shuen, "Dynamic Capabilities and Strategic Management," *Strategic Management Journal*, 1997, 18 (7), 509-530.

③ D. J. Teece, "Explicating Dynamic Capabilities: The Nature and Microfoundations of (sustainable) Enterprise Performance," *Strategic Management Journal*, 2007, 28 (13), 1319-1350.

创造出新的竞争优势，如果一系列短期竞争优势得到累积，就可以获取持续的竞争优势。

企业为了生存和发展，通过适应环境、控制和协调内外部资源的活动，可以实现资源配置最优化，并获得最佳的经济效益。换言之，对外部的各种要素进行重新整合并能够迅速地适应环境变化的企业，其生存能力越强，其竞争力也就越强。

动态能力观点也包含了战略转换观点。战略转换指的是企业为了动态地适应内外部环境的变化，利用潜在的机会在从原来的战略转换成新的战略的同时，创造出新的竞争优势的过程。企业从动态能力观点出发构建动态机制并实施有效的战略，整合协调企业的资源和能力从而不断地创造出竞争优势，就会实现持续竞争力。如表 2－1 所述，动态能力不同于传统能力，它是实现可持续竞争优势的路径。

表 2－1　　**传统能力与动态能力的比较**

比较要素	传统能力	动态能力
环境特征	线性的可预见的竞争环境	非线性的难以预见的竞争环境
分析对象	单一资源或能力	资源结构或能力结构（组织过程、专有资产状况和路径）
前提假设	异质性资源或能力一旦获得，企业便可拥有持续的优势	异质性资源或能力会因环境变化而消散
分析焦点	对给定资源或能力的利用	创新的开拓性动力以产生新的资源与能力
Rent 性质	Ricardo rent（李嘉图租金）	Joseph Alois Schumpeter（熊彼特，1883—1950）rent
关键概念的界定	不能清楚界定资源、能力与知识的范围及三者之间的关系	通过知识创新，把资源、能力和知识视为有机系统，避免了在关键概念上的模糊
战略选择偏好	一体化战略（并购、自主研发、全资公司等）	基于竞合的网络战略（外包、特许经营、研发团队等）
资源与能力的特性	具有 VRIN（valuable，rare，inimitable，nonsubstitutable）四大特性	VRI（valuable，rare，inimitable）三大特性，但存在可替代性（substitutable）
结果	核心僵化	持续竞争优势

资料来源：王核成：《动态环境下的企业竞争力：基于动态能力观的竞争力及其演化研究》，科学出版社 2010 年版。

谭新生总结了动态能力的三大特征：第一，开拓性。动态能力要求企业的发展要对未来可能的变化有预见性，即企业要提前预测未来可能的变化以做好使内部要素适应外部环境变化的工作。第二，能动性。动态能力强调能动性。企业为了创造出持续竞争力，就要发挥动态能力，主动地开拓新的能力和资源来适应环境的变化。第三，时间性。资源配置和再配置的时间先后，以及现有资源再造以及新资源获取的速度，对于竞争优势的获取或者保持都有重要的意义。[①] 在动态复杂的环境里，只有对市场环境和竞争对手变化进行正确的判断，实施比竞争对手更快的竞争行动，才能抓住新的竞争优势，这就是所谓的抓住战略转换机会。

战略转换机会可以通过对动态环境的战略性整合来获取。战略资源的获取可以通过对内外部资源基础的再造、扩充或者整合来实现。内部基础资源指的是组织拥有、控制或者可以首先获取的有形资源、无形资源、人力资源以及能力等。赫尔法特[②]（Helfat）认为，外部资源基础可以通过对相关辅助性产业资源的收购战略来获取，也可以通过战略联盟共享外部资源。

综上所述，动态能力也可以解释为是企业为了实现经济效益最大化，不断感知并把握环境变化中的战略转换机会，从而实现对内外部资源基础的再造、扩充或者调整，把未来潜在的竞争优势转换成现实的竞争优势，不断地创造出一系列的竞争优势的战略执行过程。

三　可持续竞争力

从语言学分析，可持续竞争力中“竞争力”是主语，“可持续”是定语，意思也就是说，先培育“竞争力”，然后考虑“持续性”。

从市场经济分析，因为市场是动态的要素，不同的发展阶段面临着不同的资源环境、经济环境，所以应该依据经济发展阶段的特征来培育与此相符合的竞争力，这就是可持续竞争力。也就是说，可持续竞争力

---

① 谭新生：《组织能力观与传统资源观的比较分析》，《外国经济与管理》2003 年第 8 期。

② C. E. Helfat, S. Finkelstein, W. Mitchell, et al., *Dynamic Capabilities: Understanding Strategic Change in Organizations* (Blackwell Publishing, 2007).

可以被看作是通过充分利用各种可以保持竞争力活性的提升和激励要素，把企业的潜在竞争能力转换成现实竞争能力从而获取长久竞争优势的能力。

综合来看，可持续竞争力说的是在市场经济环境下，企业依据内部和外部环境的变化，确立面向未来的战略目标，通过一系列动态的战略实施，实现资源最优配置，从而维持所有资源要素间的均衡和协调关系，并能够持续地超越竞争对手，以更高的效率向消费者提供产品或者服务，同时获取利润并取得自身发展的综合素质提升的能力。换言之，从企业发展的角度看，可持续竞争力的本质可以看作是企业的可持续发展能力。

在可持续发展经济模式下，从资源层面看，可持续竞争力是通过资源集约化利用和最优资源配置，实现节约成本、提高效率的目标；从战略层面看，可持续竞争力是依据环境的变化通过动态战略来不断地补充和更新资源基础，从而实现全要素生产率的持续改善和提升，使得企业在实现经济效益最大化的同时延长企业的生命周期，最终实现企业的可持续发展。

第三节　可持续港口竞争力

一　港口竞争的主要内容

因为港口具有产业聚集（industrial agglomeration）和产业扩散（industrial distribution）效应，所以随着全球化经济发展和国际贸易的增长，港口在交通枢纽功能、经济功能以及社会功能方面所发挥的作用越来越重要。从港口城市乃至国家的立场来看，为了集中发展港口产业，把港口打造成地区、国家以及全球的经济贸易中心，实施了一系列的扶持政策。

港口间的竞争在推进港口产业发展的同时，也可以促进港口城市乃至地区和国家的经济发展，通过培育港口竞争力，既可以提升港口所在城市的知名度，又可以为港口所在地区吸引投资提供有利的环境。另外，通过扩大港口基础设施建设，可以增加更多的货物吞吐量从而实现规模经济效益。

（一）不同竞争主体间的港口竞争

港口竞争实际上是吸引港口腹地货物的竞争。港口腹地包括陆域经济腹地和海域经济腹地。港口吞吐量通常由腹地经济圈产生的货物数量和通过第三国或者第三方地区的中转货物数量来决定。港口竞争依据港口竞争主体的不同可以分为四种类型。

1. 港口群间的竞争

中国地区（除台湾以外）依据港口群的地理分布，大致可以分为以上海为首的长江三角洲港口群，以香港和深圳为首的珠江三角洲港口群，以青岛、天津和大连为首的环渤海湾港口群。随着腹地物流体系的完善和复式联运体系的发达，港口群间的竞争通常围绕对交叉腹地货物的吸引而产生的。特别是随着港口腹地的公路、铁路建设的快速增进，对交叉腹地货物或者中转货物的吸引竞争更加激烈。

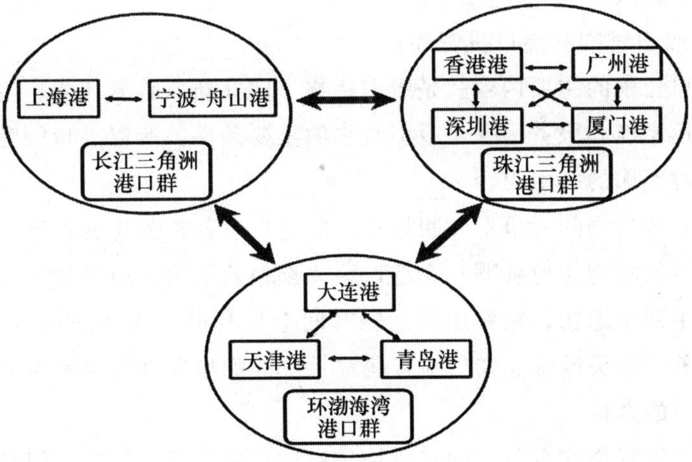

图 2－5　中国地区（除台湾以外）三大港口集群构成图

2. 同一港口群内不同港口间的竞争

在同一港口群内，不同港口因为和经济腹地的距离相差不远，所以货主对起航地港口的选择余地越来越大。为了吸引腹地货物，各个港口纷纷通过降价、提高服务水准等手段来和其他港口展开激烈的竞争。比如，环渤海湾港口群内的大连港、天津港和青岛港，各自都朝着东北亚中心港的发展目标展开了激烈的货物吞吐量竞争。

3. 同一港口内不同码头经营公司间的竞争

同一港口内不同码头经营公司间的竞争指的是存在多方设施提供方和港口经营方的情况下它们之间的竞争关系。港口内存在不同的码头经营方，为了追求利润，相互间的竞争也十分激烈。从港口管理者和港务局的立场来看，港口内的竞争可以赋予港口经营活力，在改善服务水平和提高运营效率等方面具有积极的作用。

4. 港口和复式联运的竞争

港口运输会因为其他运输手段的发达而受到影响。比如说，西伯利亚大陆桥（land bridge transport）出现后，从远东到西欧或者中东的出口货物大部分利用这条通道，从而导致陆上运输和海上运输方式间展开了新的竞争。如果陆上运输网络十分发达，那么从前依赖沿岸海上运输的货物可以通过汽车或者火车从陆上运输，从而导致船运公司和港口的业务量大量减少。

5. 吸引货物和港口投资的竞争

港口竞争的主要内容就是吸引货物。邱立新、陈岩认为，港口内船舶的航运密度和服务水平是吸引货物的重要条件，所以港口间竞争的关键在于对船舶的吸引力。①

对腹地货物的竞争：和腹地相连的港口有各种各样的情况，港口间交叉地区的货物无论到哪一个港口距离都相差不大，所以货主选择港口的时候主要考虑在运输费用和运输时间上具有最大优势的港口。另外，港口服务、码头设施、港口对接运输系统的拥堵程度等要素也将影响货主对港口的选择。

对中转货物的竞争：中转货物是指虽然途径某一港口，但是货物的最终目的地不是港口所在的城市或者国家，通过转运才能到达最终目的地的货物。客户在选择中转港口的时候，关注的重心由从前的货物出发地和目的地之间的距离，转向全部运输费用和中转服务水平。

对港口投资的竞争：因为港口建设需要大量的资金，所以国有港口的投资大部分都是由国家直接投资。因而，各个港口为了自身的发

---

① 邱立新、陈岩：《青岛港口物流国际竞争力评价研究》，《青岛科技大学学报》（社会科学版）2003 年第 19 卷第 4 期。

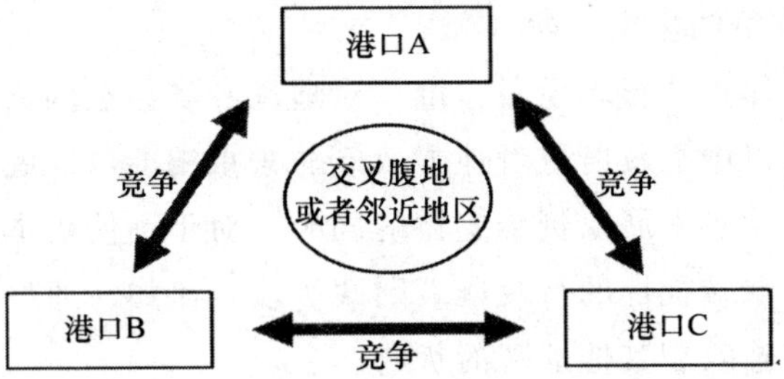

图 2－6　港口和腹地货物间的竞争关系

展，为了吸引国家投资与周边所在港口展开了激烈的竞争。但是不考虑港口所在城市或者地区的经济发展水平，盲目地扩建港口，容易导致因为吞吐量不足而出现的港口设施闲置、投资浪费和港口运营效率低下等问题。

（二）港口竞争的特征

通过对港口竞争主要内容的分析，可以发现，港口竞争虽然和企业间竞争具有共同点，但是也具有港口竞争所独有的特征。

1. 港口竞争的“政府要素”

港口是国民经济的主要基础设施，各国政府为大力发展经济，都努力打造交通运输层面上的竞争优势，在政策、资金等层面给港口发展提供特殊的支持。从这个意义上说，港口竞争不是完全的“市场竞争”，在一定程度上可以看作是“政策竞争”。也就是说，政府在港口发展的政策取向和配套设施建设上的支持度可以看作是港口竞争力的重要影响要素。

2. 港口竞争的“地区要素”

港口因为属于特殊企业，所以在港口投资建设之前，对于港口选址必须考虑地理位置、航道、泊位水深、港口城市的经济发展水平、腹地经济圈发展水平、金融服务、交通设施、集散条件、地理和气候环境等前提条件。

3. 港口竞争的焦点——货物

从港口的经济功能层面来看，港口竞争的目标是争取吸引更多的货物，通过降低平均生产费用从而追求规模经济效益。因此，港口竞争的焦点可以说是吸引货物。

4. 港口竞争的主要手段

地方政府保护的行政手段。港口对地区经济甚至国家经济具有很大的贡献度，所以中央政府或者地方政府非常重视港口发展。通过财政手段给予港口建设和发展以资金支持的同时，对于不使用本国或者本地区港口的货物采取歧视性的行政或者财政手段。比如，通过关税壁垒、歧视性收费等措施限制其他地区的货物。

吸引腹地货物的经济手段。为了增加港口货物吞吐量，通过实行降价或者特惠制度吸引同一腹地或者交叉腹地的货物。

吸引中转货物的歧视性价格手段。为了吸引中转货物，制定歧视性或者双重的价格标准。港口对于腹地货物因为具有相对的垄断性，所以腹地货物对于港口服务的需求弹性较低。但是，港口对于中转货物不具有垄断性，所以中转货物对于港口服务的需求弹性较高。也就是说，因为中转货物的流入量对于价格的影响力很大，因此通过差别化定价来大力吸引中转货物。

港口宣传和市场营销手段。港口通过实施促销活动宣传港口的优势。港口竞争不仅给港口发展带来积极影响，同时也可以带来消极影响。比如，港口竞争可以提高港口的生产效率，但是盲目的恶性竞争将导致社会资源的严重浪费。

二　港口竞争力的内涵和构成要素

（一）港口竞争力的内涵

港口竞争力的外在表现是对竞争对象——货物的吸引力，实际上通过吞吐量实绩来表现，也就是说，指的是港口物流服务利用者的市场占有率。港口竞争力的源泉产生于在竞争中为了实现投入最小化或产出最大化的目标，通过降低费用、提供个性化的产品或者服务、改善和提高生产效率等一系列战略举措创造出竞争优势的过程。

港口竞争是港口经营者为了提升自身港口的经济效率，通过实施一系列竞争战略不断增加、补充、更新和整合所需资源，从而实现比竞争对手吸引更多货物的过程。因此，港口竞争力可以看作是港口企业资源投入和资源配置的能力，是港口通过提升港口经营效率，实现港口资源投入成本降低或者港口吞吐量产出扩大的目标，即提高产出价值和投入成本的比率的能力。

综上所述，港口竞争力从数量上可以看作是通过吸引货物、增加港口吞吐量的能力，从质量上可以看作是通过降低成本或者扩大产出来提升港口效率的能力。

（二）港口竞争力的特征

1. 目标性

港口竞争的目标是在社会经济发展过程中为了满足货运需求，通过港口开发建设，提供物流设施和技术支持从而实现港口吞吐量增加。也就是说，港口竞争力的目标是在给货主创造价值的同时自身也获取利润并得到发展。

2. 整体性

港口竞争力的各构成要素具有各自的特征并发挥不同的作用，从而共同形成港口竞争力。即是说，港口竞争力不仅包括港口自身的竞争实力，也包括和港口相关的港口产业、物流产业的支持能力。在港口竞争力形成上，港口内部资源和能力对港口竞争力的贡献程度取决于港口外部资源和能力的支持程度。也就是说，港口竞争力的培育必须从港口整体构成要素出发，不仅要考虑港口内外相关产业的功能性，也要发挥港口内外环境系统的整体性和功能性。

3. 相关性

相关性是指港口竞争力体系各要素间所存在的相互连接、相互作用和相互制约等的关系。港口竞争力受外部环境即国际贸易状况、腹地经济圈经济发展水平等的影响。如果国际贸易活跃度提升，进出口贸易的数量也将增加，港口的吞吐量也会随之增长。另外，腹地经济圈的经济发展水平对港口吞吐量产生着决定性的影响。

4. 动态性

港口经济体系的外部环境因为处于持续变化的状态，所以内部和外部资源供给、能力培育、市场结构、竞争行为等也是不断变化着的，因而港口竞争力的状态也处于变化中。

5. 相对性

港口竞争力是竞争主体在相互竞争的过程中所表现出的竞争优势，同时也是相对比较的能力。随着竞争对手、竞争环境、竞争期间的变化，它所显示的竞争力也会随之变化。

（三）港口竞争力的构成要素

港口竞争力不仅包括在提供港口服务时所需要的资源要素，比如港口设施、物流基础设施等有形要素，也包括无形的能力要素，比如服务质量、港口费率、港口和其他部门间的协调关系，吞吐量提升策略等。

港口基础设施可以分为水上设施和陆上设施。港口的水上设施包括航道、停泊地、内湾等。特别是航道的水深决定了通过船舶的大小，所以是港口竞争力中非常重要的因素。港口的陆上设施包括岸壁、系船绳、吊桥、码头、吊装机械、仓库等。这些设施对船舶装卸作业效率、船舶滞留时间或者货物卸载效率产生着影响。

另外，港口和腹地间的连接运输体系也会影响港口竞争力。在港口和腹地经济圈的连接运输体系中，第一，是否有适当的交通手段，以及运输能力是否充分都会影响港口吞吐量。港口如果通过道路、铁路、内河运输、管道、机场等交通手段和腹地具有紧密相连的关系，就对提升吞吐量有利。第二，港口和腹地间运输服务的质量和效率也会影响港口的竞争力。货主在选择起航地的时候会考虑很多要素，因为偏好物流服务水平和效率，所以将选择运输服务质量高、效率高的港口。第三，政府对腹地和港口间货物运输的特惠或者限制措施也会影响港口竞争力。享受特惠多的港口对货物有吸引力，从而影响港口吞吐量。

另外，与港口相关的产业部门繁多，港口作业与港务局、港口运营者、运输人、租船公司、公路运输、铁路运输、内陆运河运输、海关、检验检疫等许多部门联系紧密，港口只有与这些部门保持融洽和睦的关系，才可以保障物流作业的效率。因而，海关流程的繁琐程度、相关部门间的业务流程是否衔接、顺畅等也是港口竞争力的影响要素。

最终，港口竞争力具有目标性、整体性、相关性、动态性、相对性等特征，港口竞争力的构成要素复杂而且没有同一的标准。

三　可持续港口竞争力

从可持续竞争力的含义出发，可以把可持续港口竞争力看作是依据港口内外环境的变化以确立面向未来的战略目标，通过实行动态战略实现港口资源配置最优，在维持所有资源要素间的均衡和协调关系的同时，持续地比竞争对手更有效地提供港口服务并创造利润的综合能力。

也就是说，可持续港口竞争力是港口企业从宏观经济环境变化、物流功能变化、生态环境等内外环境变化的特征出发，通过实施一系列的动态战略以对港口内外资源进行补充、更新和整合从而达到资源配置最优，实现港口运营管理效率提升，最终实现港口吞吐量增加并获取经济利益的能力。

从时间上看，可持续港口竞争力的构成要素部分应该和港口发展的阶段相吻合。比如，随着集装箱运输专业化和船舶大型化等时代的要求，港口设施和管理也应该同时进行自动化和信息化的升级换代。

从空间上看，港口直接和间接腹地的经济发展虽然有共同性，但是因为各自具有不同的特征，所以在构筑和港口腹地的连接运输系统时必须吻合腹地经济的特点。

从因果关系层面看，港口发展是内外影响要素互相发挥作用的结果。只有内外要素发挥协调作用港口才能持续发展。生态环境恶化特别是气候异常所产生的海啸、台风、雾霾等灾害给港口的生产作业安全带来威胁，所以港口在进行生产作业的同时应该重视环境保护。

从发展的层面看，港口竞争力水平直接反映了港口发展的水平和状态。也即是说，港口竞争力是港口发展的外在指标的表现，是港口吞吐量在数量上的增长。

从可持续层面看，可持续港口竞争力是指港口效率或者生产率的竞争力，可以看作是港口内在发展动力。也就是说，可持续港口竞争力是港口发展的质量和数量层面的统一，是动态地反映港口发展的潜在趋势。

第四节　环境变化和港口的可持续竞争力

一　宏观经济环境的变化

（一）世界经济贸易现况与展望

表 2 - 2 展示了 2005—2012 年世界经济增长率的变化趋势。2005—2008 年世界经济增长率分别为 7%、7%、11%、8%，显示出持续的增长趋势。但是，受到世界金融危机余波的影响，2009 年世界经济增长

率降到了 -6%，2010—2011 年各自表现出了 8%、9% 的经济恢复趋势，但是，2012 年因为再次受到欧洲债务危机的影响，世界经济增长率又降到 1%。

其中，美国经济增长率从 2008 年的 15% 大幅降低到 2009 年的 -7%，2010—2011 年为 22%、11%，虽然有一定程度的恢复，但是 2012 年因再次受到欧洲债务危机的影响而降低到 -1%。亚洲地区的情况是，2005—2008 年经济增长率高于全球，但是 2009 年因为受到全球金融危机的影响而大幅降低到 0，2010 年和 2011 年恢复到 18% 和 17%，但是 2012 年因再次受到欧洲债务危机的影响而降低到 7%。

表 2-2　**2005—2012 年世界经济增长率**　(%)

	2005	2006	2007	2008	2009	2010	2011	2012
世界	7	7	11	8	-6	8	9	1
发展经济体	16	15	18	15	-2	18	14	5
转型经济体	27	28	31	27	-24	21	23	6
发达经济体	4	4	9	5	-6	3	7	-1
发展经济体：非洲	15	11	14	15	-8	14	7	3
西部非洲	17	19	13	19	-16	21	7	3
发展经济体：美洲	20	16	16	15	-7	22	11	-1
发展经济体：亚洲	16	16	19	16	0	18	17	7
发达经济体：美洲	6	5	4	1	-4	4	4	3
发达经济体：亚洲	-2	-5	0	11	3	9	7	1
发达经济体：欧洲	4	6	15	8	-11	0	8	-6
发达经济体：大洋洲	11	4	19	4	-6	25	16	2
发展经济体（不含中国）	16	13	16	11	-7	19	12	1
发展经济体：最不发达国家	17	15	18	15	-2	19	15	5

资料来源：UNCTAD。

综合来看，如图 2-7 所示，2005—2007 年世界经济增长率显示出持续的增长趋势，但是在 2008—2009 年出现大幅跌落，虽然 2009—2010 年恢复到经济危机之前的水平，2011—2012 年却再次大幅跌落。

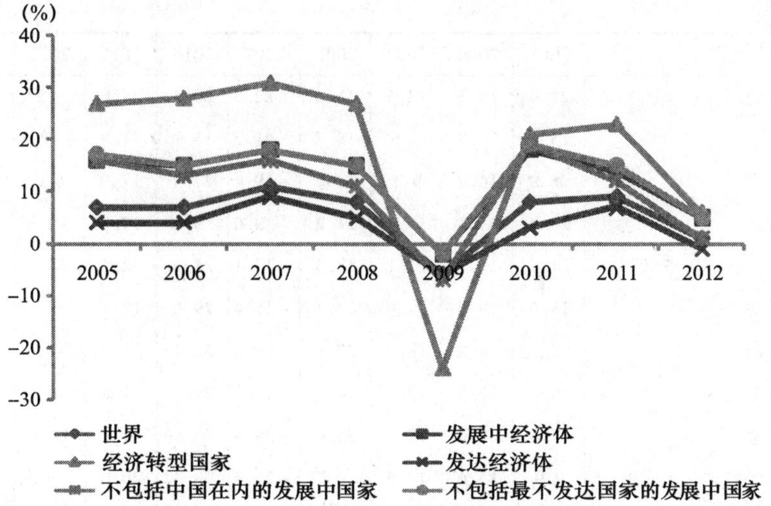

图 2－7　2005—2007 年世界经济变化趋势

表 2－3 展示了 2005—2013 年世界商品贸易增长的趋势。2009 年因受世界经济危机的影响，全球商品贸易增长率为－22.3%，发展中国家为－20.6%，体制转型国家为－35.4%，发达国家为－22.3%，亚洲发展中国家的商品贸易增长率为－19.1%，其中东亚为－15.4%，南亚为－19.5%，东南亚为－17.8%，西亚为－29.6%。

表 2－3　　**2005—2012 年世界商品贸易增长率**　　（%）

	2005	2006	2007	2008	2009	2010	2011	2012	2013
世界	13.9	15.5	15.6	15.2	－22.3	21.9	19.8	0.4	2.1
发展经济体	21.8	19.6	16.5	18.9	－20.6	28.6	22.6	4.2	2.3
转型经济体	28.8	25.5	21.1	34.0	－35.4	30.1	32.7	1.4	－2.2
发达经济体	8.9	12.4	14.7	11.5	－22.3	16.5	16.6	－2.7	2.2
发展经济体：非洲	29.9	19.2	17.7	28.8	－30.0	32.5	16.5	5.4	－6.3
东部非洲	13.6	23.6	15.7	14.8	－9.0	30.8	21.4	6.7	2.8
中部非洲	54.8	24.1	26.6	42.8	－35.7	28.4	29.1	3.3	－4.1
北部非洲	37.8	21.3	17.0	32.1	－35.2	25.2	－3.1	19.2	－10.6
南部非洲	11.8	12.0	18.7	13.6	－22.7	45.4	19.0	－7.3	－2.9
西部非洲	25.2	17.3	12.0	27.8	－25.5	37.9	32.8	1.2	－7.4

续表

	2005	2006	2007	2008	2009	2010	2011	2012	2013
发展经济体：美洲	21.9	19.3	12.5	15.6	-22.5	26.4	24.6	1.1	-0.3
加勒比地区	23.6	24.8	4.6	16.7	-41.3	13.9	47.9	-12.9	-2.1
中美洲	16.3	16.2	9.1	7.4	-19.4	27.4	17.9	6.0	2.1
南美洲	26.4	21.3	15.6	21.2	-23.0	26.4	27.8	-1.0	-1.8
发展经济体：亚洲	21.0	19.7	17.1	18.5	-19.1	28.6	22.9	4.7	3.7
东亚地区	18.6	19.8	18.8	13.3	-15.4	29.6	18.4	5.4	6.5
南亚地区	28.5	24.9	18.1	27.2	-19.5	32.7	31.2	-7.1	-0.3
东南亚地区	15.4	17.2	12.4	14.4	-17.8	29.0	17.8	1.3	1.4
西亚地区	34.4	20.5	17.6	35.6	-29.6	23.4	39.6	11.1	0.0
发展经济体：大洋洲	9.9	15.6	14.6	3.7	-23.3	28.4	20.0	-6.6	-10.3
发达经济体：美洲	11.5	12.1	10.9	11.2	-21.3	21.4	15.9	3.6	1.8
发达经济体：亚洲	5.5	8.8	10.8	9.7	-25.4	31.7	7.6	-3.3	-9.3
发达经济体：欧洲	8.4	13.0	16.4	11.3	-22.4	12.5	17.8	-4.5	4.1
发达经济体：大洋洲	19.6	14.1	15.4	29.4	-17.7	36.1	26.2	-4.7	-0.5
发展经济体（不含中国）	20.2	17.7	13.9	19.4	-21.9	27.7	23.3	3.0	0.5
发展经济体（不含最不发达国家）	21.5	19.4	16.3	18.6	-20.5	28.6	22.5	4.3	2.3

资料来源：UNCTAD。

综合来看，2010—2011年世界商品贸易增长恢复到金融危机前的水平，但是2012年全球经济再次受到欧洲债务危机的影响，增长率大幅跌落，导致商品贸易增长率也随之大幅跌落。2013年世界商品贸易增长率出现负数。发展中国家和体制转型国家的商品贸易变化趋势也与世界商品贸易变化趋势类似。

（二）港口、海运产业的环境变化

根据UNCTAD对海运运输连接性指数（Liner Shipping Connectivity Index，简称LSCI）的定义，LSCI为检测国家与全球海运网连接密度的指标，也是判断某一国家全球市场融入程度的依据之一。LSCI包含五个评比项，分别是一国的货轮数量、货轮的总装载货柜量、最大货轮尺寸、可提供服务的项目，以及经营国际航运公司的家数。LSCI 也被称作“班轮景气指数”，指的是依据一个国家或者地区船舶的保有量、航线数量、海运公司数量、船舶大小、运输能力等计算出来的指数，代表了一个国家或者地区海运产业景气水平的指数，同时也反映了一个国家或者地区进出口贸易的变化趋势。

表 2－4 列举了以 2004 年中国为基准计算出的 2004—2013 年全球主要国家的海运景气指数。其中，中国的 LSCI 指数从 2004 年的 100 增加到 2013 年的 157.5，德国的 LSCI 指数从 2004 年的 76.6 增加到 2013 年的 88.6，韩国的 LSCI 指数从 2004 年的 68.7 增加到 2013 年的 100.4，新加坡的 LSCI 指数从 2004 年的 81.9 增加到 2013 年的 106.9，英国的 LSCI 指数从 2004 年的 81.7 增加到 2013 年的 87.7，美国的 LSCI 指数从 2004 年的 83.3 增加到 2013 年的 92.8。

表 2－4 2004—2013 年世界主要国家班轮海运运输连接性指数（LSCI）

	2004	2005	2006	2007	2008	2009	2010	2011	2012	2013
中国	100.00	108.29	113.1	127.85	137.38	132.47	143.57	152.06	156.19	157.51
法国	67.34	70.00	67.78	64.84	66.24	67.01	74.94	71.84	70.09	74.94
德国	76.59	78.41	80.66	88.95	89.26	84.30	90.88	93.32	90.63	88.61
印度	34.14	36.88	42.90	40.47	42.18	40.97	41.4	41.52	41.29	44.35
日本	69.15	66.73	64.54	62.73	66.63	66.33	67.43	67.81	63.09	65.68
韩国	68.68	73.03	71.92	77.19	76.4	86.67	82.61	92.02	101.73	100.42
俄罗斯	11.9	12.72	12.81	14.06	15.31	20.64	20.88	20.64	37.01	38.17
新加坡	81.87	83.87	86.11	87.53	94.47	99.47	103.76	105.02	113.16	106.91
南非	23.13	25.83	26.21	27.52	28.49	32.07	32.49	35.67	36.83	43.02
英国	81.69	79.58	81.53	76.77	77.99	84.82	87.53	87.46	84	87.72
美国	83.3	87.62	85.8	83.68	82.45	82.43	83.8	81.63	91.7	92.8

说明：Liner shipping connectivity index；MEASURE Index（2004＝100）

资料来源：UNCTAD。

分析上述数据可以看出，中国、德国、韩国、新加坡、英国、美国等国家的班轮景气指数在 2004—2013 年期间都出现了大幅增加，分析其原因，以上国家都属于拥有世界性港口的国家。班轮景气指数的变化反映了这些地区海运能力的变化，也即是说，这些地区班轮海运能力在持续提升。

从表2-5可以看出2000—2011年海运贸易主要货物的进出口变化趋势。综合来看，石油的进出口量比较平稳，相反，石油制品、干货的进出口量呈现出持续增加的趋势。另外，2009年因为受到全球金融危机的影响，海运贸易货物进出口增加率都出现了负数，这是因为全球金融危机的发生导致全球经济增长缓慢，从而贸易需求萎缩引起了干货进出口量的大幅跌落。

表2-5　**世界海运货物吞吐量变化趋势**　(%)

区分	石油		油制品及天然气		干货		总货物	
	装船	卸船	装船	卸船	装船	卸船	装船	卸船
2000	3	6	5	1	6	4	5	4
2001	5	5	-11	4	1	-3	1	-1
2002	-2	-1	2	1	4	4	2	2
2003	3	3	5	-1	7	5	6	4
2004	5	2	2	2	4	3	4	3
2005	5	5	3	5	6	5	5	5
2006	-4	4	62	56	7	8	8	11
2007	2	3	2	1	6	4	4	3
2008	-2	-3	3	3	4	3	2	2
2009	-4	-4	-3	-1	-5	-7	-5	-5
2010	5	3	6	6	8	10	7	8
2011	-1	-1	5	6	6	5	4	4

资料来源：UNCTAD。

表2-6展示了2008—2012年全球及中国的集装箱吞吐量变化趋势。全球集装箱吞吐量在2008年为5.16亿吨，但是，2009年因为受全球金融危机的影响而减少到4.72亿吨，增长率为-9%。2010—2011年出现一定的恢复趋势，集装箱吞吐量分别为5.4亿吨和5.8亿吨，增

长率分别为 15% 和 7%。但是，2012 年，因为再次受到欧洲债务危机的影响，集装箱吞吐量增长速度再次下降，增长率仅为 4%。

表 2-6　**全球及中国集装箱吞吐量变化趋势**

区分	世界（A）		中国（B）		比重（%）（B）/（A）
	集装箱吞吐量（百万 TEU）	增长率（%）	集装箱吞吐量（百万 TEU）	增长率（%）	
2008	516	-	116	-	22
2009	472	-9	109	-6	23
2010	541	15	130	20	24
2011	580	7	144	10	25
2012	602	4	155	8	26

资料来源：UNCTAD。

其中，中国集装箱吞吐量增长率高于全球水平，2009 年，集装箱吞吐量增长率为 -6%，2010—2011 年，集装箱吞吐量增长率分别为 20% 和 10%，虽然 2012 年受到了欧洲债务危机的影响，但是增长率也达到了 8%。另外，中国在全球集装箱总吞吐量中所占比重，2008 年为 22%，2012 年为 26%，中国占据了举足轻重的地位。以上数据充分说明，中国经济强大的增长劲头以及进出口贸易的高度活跃为中国海运产业的发展提供了有力的支撑。

（三）港口物流功能的创新变化

随着运输技术发达程度的提高，贸易从业者也越来越重视物流成本的降低，对港口物流功能创新的要求也越来越高。过去，港口的中心性指的是港口和经济腹地的空间关系，港口拥有的经济腹地越大，港口发展速度也就越快。[①] 但是，随着复式联运的兴起，周边地区和相邻国家的货物也开始通过港口来进行中转运输。弗莱明和亚胡达（Fleming and Yahuda）认为，港口中转性指的是港口不仅和本国的经济腹地可以建立起紧密的联系，也可以和第三方的其他国家或者地区建立紧密的联系。[②]

① 河东宇：《东北亚主要集装箱港口间竞争现状分析》，韩国海洋产业研究院，1996 年。

② D. K. Fleming, and Hayuth Yahuda, "Spatial Characteristics of Transportation Hubs: Centrality and Intermediacy," *Journal of Transport*, 1994.

下面将从中心性和中转性这两个层面概述港口的物流功能变化特点。

1. 贸易和运输手段间的连接性持续强化

物流公司、贸易公司、承运人和货代公司的共同目标都是追求最低的物流成本、最快的物流速度、最高的物流效率、最优的物流服务，所以，港口作为连接陆域经济腹地和海域经济腹地的枢纽，开始出现集中化趋势，因此重视发挥中转功能的中心港口开始出现。[①]

2. 港口的交通枢纽功能和物流功能持续强化

随着海运作业集装箱化的普及，港口作为连线陆域和海域的媒介，发挥着促进国际贸易发展、加速货物集散的功能。港口物流功能面临着加速物流信息共享、构建复式联运体系、提供中转运输服务等变化的要求。港口渐渐演变成物流流通中心，开始转换成集复式联运、综合物流基地、物流信息中心等于一体的综合型贸易促进基地，港口的枢纽功能和物流园区功能愈加突出。

3. 集装箱船舶大型化

自20世纪90年代中后期以来，行业巨头——马士基航运一直引领着船舶大型化的潮流，一直到今天的20000标箱级船。班轮运输业是营利微薄的充分竞争行业。运价承受着巨大的市场压力，因此班轮公司通过削减成本和提高效率而获得利润的提升。严峻的营利性挑战迫使承运商不断地挤压成本、提高效率。通过船舶大型化，承运商可以同时获得规模经济和降低燃油成本的双重好处，这正是近几年来推动船舶大型化的重要原因。如表2-7所示，随着集装箱船越来越大，大型集装箱船舶起航和停泊的港口开始减少，仅选择干线上的大型港口起航和停靠。

表2-7　**集装箱船舶大型化变化趋势**　（标箱）

年份	1956	1957	1966	1973	1982	1984	1988	1996	2002	2007	2011	平均增长率（%）
大小	58	266	783	1096	2500	4528	4300	6000	8000	13300	18000	17.13

资料来源：韩国海洋水产开发院，2013年。

① 方熙泽：《国际运输论》，博英出版社2005年版，第501页。

4. 从内陆物流中心向港口物流中心转换

港口作为海上运输的起点和终点，承接着国际贸易货物集散的功能。随着货物集中化所产生的规模效益的扩大，港口逐渐演变成工业、商业和技术交流中心，港口的国际贸易商品集聚功能愈加突出。集装箱货物可以大批量运输，因而港口地区开始成为物流中心，组装、包装、拆装、拼箱再出口等业务开始兴起。另外，港口也开始承担贸易所需的货主、货代、内陆运输公司、海关、检验检疫、银行、金融、保险等功能，因此港口开始变成物流时代的生产和流通中心、商贸和金融中心。

二　港口和环境关系的变化

刘冬林认为，物流活动在给社会创造财富的同时，其副作用也越来越显示出来（如图 2－8 所示），资源和环境间的矛盾越来越成为社会经济持续发展的阻碍要素。①

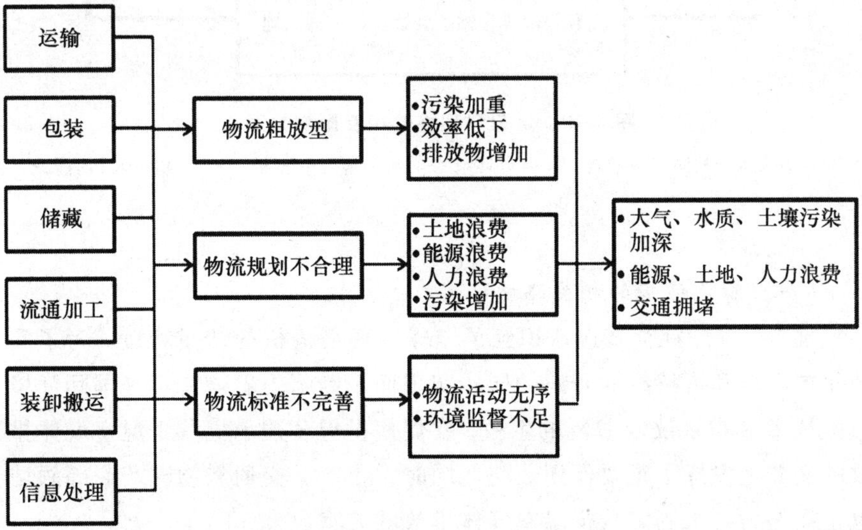

图 2－8　环境资源对物流活动的制约

资料来源：刘冬林：《绿色物流的制度研究》，武汉理工大学 2010 年博士学位论文。

---

① 刘冬林：《绿色物流的制度研究》，武汉理工大学 2010 年博士学位论文。

对于港口企业来说，也更加关注港口物流活动和环境间的影响关系。如图2－9所示，港口物流活动对海洋生态系统带来负面影响，同时海洋生态环境的恶化也给港口物流活动带来负面影响。随着物流活动和环境资源间矛盾的深化，港口经济活动越来越受到多样环境的制约，港口也认识到这一点，开始探索考虑环境承载能力的发展战略。

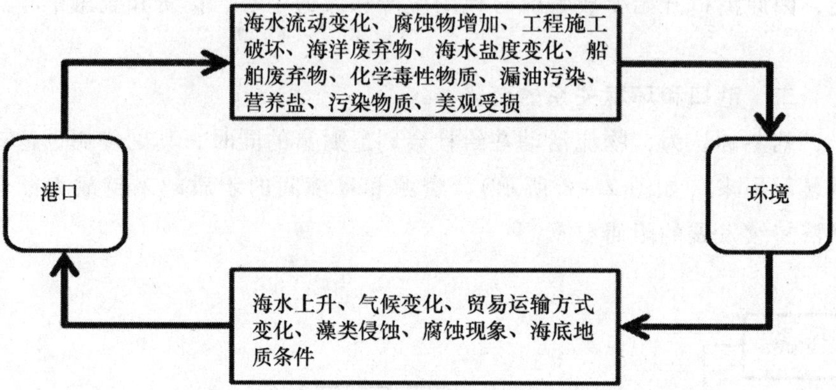

图2－9　港口和环境的相互影响关系

资料来源：韩国技术社会：《港口环境污染和环境友好型港口——绿色港口的建设》，1998年。

（一）绿色运输的相关环境规定

现今，国际社会普遍认识到了全球性环境危机的严重程度，为了实现保护环境和可持续性开发的同步实现而不断努力着。特别是国际环境保护规章《东京议定书》的生效，在促使世界各国承担减少温室气体排放的义务上发挥了重要作用。与此同时，生产、交通和物流产业等领域也正在努力寻求制定减少温室气体排放的方案。

对此，运输部门为了应对国际环境规章制度环境标准提升的变化，亟须构筑低碳·绿色运输体系。为了构筑低碳运输体系，交通环境部门应加大推广普及利用高效能源装备、可替代能源以及清洁燃料的力度，运输部门也应加强低碳·节能管理，比如亟须出台运输部门减少温室气体排放的相关措施。

（二）低碳·可持续发展型绿色港口理念

“绿色增长”是关于整合了促进经济发展、缩小社会贫富差距、加强环境保护的可持续发展理念的抽象性的、广泛性的政策实施可能性层面的补充概念。① 如果实现了这种理念的经济增长，经济增长的模式将转换成环境友好型模式，也就是意味着在环境层面的可持续性经济增长。换言之，既往的经济发展模式是经济增长和环境破坏同时发生的模式，但是“绿色增长”是经济增长实现了脱离破坏环境的和谐型的新型增长模式（如图2－10所示）。另外，2009年，韩国国土海洋部还公布了低碳·绿色增长的三大要素（如表2－8所示）。

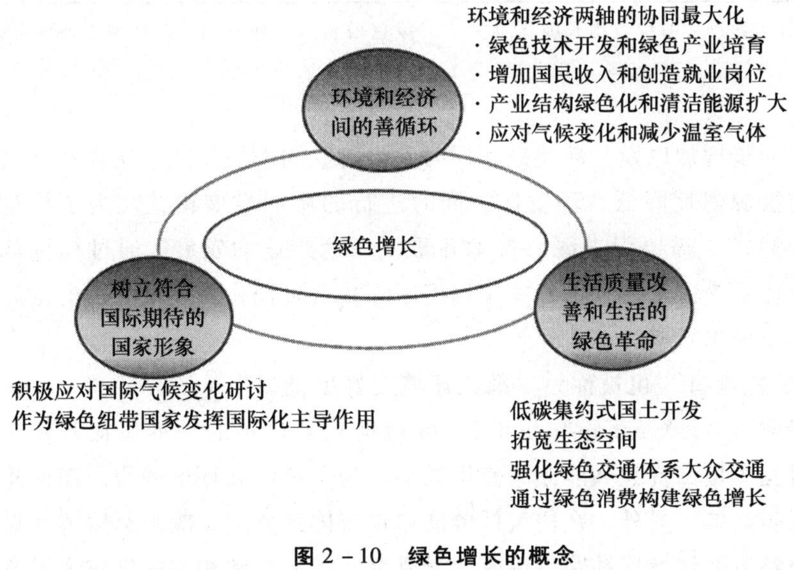

图2－10 绿色增长的概念

资料来源：韩国绿色增长委员会关于“绿色增长”说明资料。

基于“绿色增长”的含义，2011年12月在“基于绿色技术的未来港口开发战略和效果分析”研讨会上，“绿色港口”的概念开始出现。“绿色港口”是指为了实现港口的可持续发展，通过提高生产效率、降低成本、减少碳排放等措施，使得港口发展摆脱既往的吞吐量增长与能

① 韩国绿色增长委员会关于“绿色增长”说明资料，2009年。

表 2－8　　低碳·绿色增长的三大要素

三大要素	内容
为了实现夯实的增长，要求能源和资源消耗最小化	·产业结构向着能源低消耗型调整 ·减少能源消耗或提高能源利用效率 ·制定提升生态效率的政策
假如使用同一能源和资源时，要求碳排放对环境的副作用最小化	·扩大普及新再生能源 ·开发原子能等清洁能源 ·制定碳排放规定 ·构筑低碳·环境友好型基础建设 ·鼓励消费者积极购买绿色产品
开发新型增长动力	·加大绿色技术的 R&D 投资 ·培育新再生能源等绿色产业以及促进出口产业化 ·支持占领全球市场

资料来源：韩国绿色增长委员会关于“绿色增长”说明资料，韩国国土海洋部，2009 年。

源消耗同步增加以及与环境破坏同时发生的脱同发展模式，实现吞吐量增长与能源消耗降低、环境保护同时进行的协同发展模式。为了构筑“绿色港口”，需要引进绿色技术并重视绿色产业的发展，通过构筑低碳物流体系为民众谋福祉，勇于担当国际社会责任，为建设先进的世界一流港口做出贡献。

“绿色港口”也被称为“绿色环境友好型港口”（gas reducing，energy efficiencing & nature-friendly）。绿色增长港口指的是港口在开发和运营过程中提高资源和能源的使用效率，为了经济和环境的协同而构建发展低碳港口。另外，在构筑低碳港口物流体系方面，腹地运输体系需要从公路运输转换成铁路运输或者沿岸水运；港口和相关的设施为了节能，需要引进新再生能源，对废弃物进行环保无害化处理；需要建设循环性港口，为了实现资源再利用率和提高能源利用效率，为了应对气候变化或者灾害的发生，需要在进港范围内构建安全网。①

综上所述，环境友好型港口和传统港口在腹地经济圈、生态环境、可持续发展以及环境友好设施等方面存在一定的区别。传统港口和环境友好型港口的主要区别如表 2－9 所示。

① 韩国绿色增长委员会关于“绿色增长”说明资料，韩国国土海洋部，2009 年。

表 2－9　　传统港口和环境友好型港口的比较

要素	传统港口	环境友好型港口
腹地和生态环境	仅仅追求港口腹地物流路径层面的发展	港口、腹地和生态环境间的协同发展
可持续性开发	资源消耗、能源开发不可持续性	资源、能源节约设施完备，追求可持续开发
环境友好型设施	不具备多样性环境友好型设施和自然间的连接	具备多样性环境友好型设施和自然间的全方位连接

资料来源：韩国“光阳港的 Green Eco－Port 建设”讨论大会论文集，2009 年 5 月。

（三）绿色港口物流体系的未来发展方向

港口物流体系建设要遵从自然环境和社会经济循环相辅相成的原则。通过构建低碳、绿色港口物流体系，减少环境污染或者避免能源过度消耗，从而提高物流活动的生产效率。[①] 在具体实践过程中就是以船运公司、码头经营者、运输公司等为代表的港口物流体系中的生产单位应该积极引进低碳·绿色物流技术，努力做到减少温室气体排放或者防止大气污染（如表 2－10 所示）。

表 2－10　　港口作业单位的温室气体减排及大气污染防范的实践方案

作业单位	实践方案
船公司	·使用绿色船舶 ·降低沿岸航行速度 ·靠岸时使用低油耗 ·煤烟最少化 ·净化排放气体 ·牵引船使用绿色动力 ·替换清洁引擎 ·维持高频度航程

① 沈相东：《关于应对气候变化的低碳——绿色港口物流体系重组研究》，韩国昌原大学 2009 年硕士学位论文。

续表

作业单位	实践方案
码头公司	· 货物处理容量适当 · 升级自动化系统 · 使用低油耗燃料和低排放引擎 · 停航时自动熄火装置 · 使用生物柴油（biodiesel）、CNG、LNG 等新型燃料 · 分散船舶到达 · 利用信息化控制，最大限度减少装卸 · 码头连接铁路 · 货场大门宽大畅通 · 自动化大门 · 停车场卡车事前预约 · 延长大门运营时间 · 24 小时运营 · 实施定点服务 · 缩短滞港时间，提高生产效率
运输公司	· 扩大铁路或水路运输 · 扩大与铁路或水路的连接频度 · 设置专用铁路运输路线 · 充分利用现有运输通道 · 设置高速公路卡车专用道 · 限制卡车速度 · 使用 6TEU 卡车 · 使用替代燃料
其他	· 最大化减少空车运转 · 及时调配空集装箱 · 和船舶公司共同运转集装箱 · 充分利用内陆空集装箱场地 · 尽可能使用环境友好型运转方式

资料来源：金宇善、崔宗熙、崔尚熙、河泰英：《环境友好型港口运营技术应用及实施方案研究》，韩国海洋水产开发研究院（简称 KMI），2008 年。

三　港口环境变化和港口的可持续竞争力

（一）宏观经济增长方式变化和港口竞争力

“可持续”指的是在满足当代需要的同时，避免未来经济、社会、环境、交通等领域的资源浪费或效率低下，实现经济、社会、环境和交通等领域协同均衡的发展模式。[①] 如图 2－11 所示，可持续发展（sus-

① 金肖兴：《韩国绿色运输物流政策改善方案》，韩国庆北大学 2010 年硕士学位论文。

tainable development）指的是在保护环境的同时，为了谋求长期的发展，避免短期性破坏自然资源，采取集约式经济增长模式，是一种面向未来的发展战略。可持续发展指的是在自然允许的范围内，把握经济、社会和环境间的均衡而实现的和谐发展。

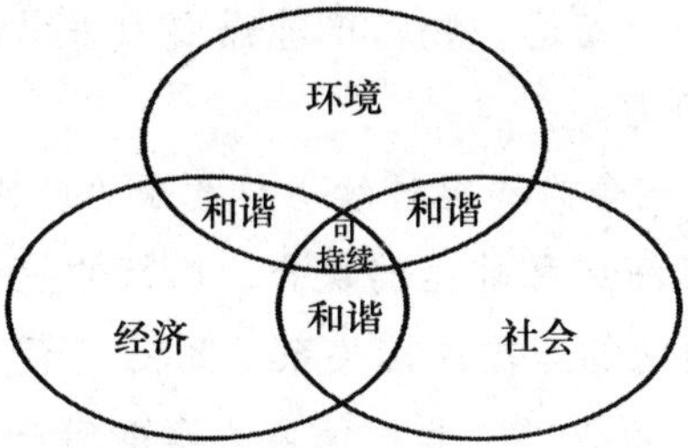

图 2－11 可持续发展的概念图

港口竞争力指的是港口企业资源投入和资源配置的能力，本质上可以看作是通过提高生产效率，提高港口吞吐量产出和资源投入的比率，也就是说是一种提高港口产出价值和投入成本比率的能力。港口竞争力从数量上来说表示的是港口吞吐量的成果；从质量上来说，表示的是港口效率。

综上所述，港口可持续竞争力指的是港口在环境层面实现低碳·绿色可持续发展的同时，在生产层面通过最大化提升港口吞吐量，并同时实现港口资源投入成本的最小化，通过持续地优化港口资源配置从而提升港口效率，最终实现可持续发展的能力。也就是说，港口可持续竞争力是在集约型经济增长模式下，港口吞吐量持续增加的同时资源投入成本持续下降，即产出效率得到持续改善，最终港口的竞争优势可以得到持续的维持或创新的一种能力。

（二）绿色增长模式和港口的可持续竞争力

环境友好型港口可持续竞争力是港口系统整体竞争力的集合，港口企业结合内外环境特征，把握港口竞争力要素的变化趋势，适应环境变化，主动补充、更新、调整港口基础资源，通过实现资源配置最大化，使得港口在市场占有率、价值产出以及维持可持续发展等方面，比起竞争港口更能持续地创造出竞争优势的能力。

在集约型经济发展模式下，要想持续地维持港口竞争力，需要适应港口环境的变化。具体来说，就是使用海运以及物流产业改善单纯性的、落后的成长引擎或者提高效率，确保使用低碳、再生型新型成长引擎。把导致温室气体增加和引起大气污染的传统运输手段转换成环境友好型的运输手段，完善环境保护机制，关注绿色技术开发。为了持续维持港口竞争力，港口、海运、物流产业需要引进绿色增长模式，不断地强化海运的国际竞争力。

（三）传统港口竞争力和可持续港口竞争力的比较

传统港口是连接海运和陆运的媒介，执行的仅仅是基础性的交通枢纽功能，港口和腹地间的运输连接关系不紧密，不重视腹地和连接运输的效率，强化贸易、商业、工业、信息、金融等产业基础的作用较弱，对和城市相关的城市文化形成、城市开发、市民生活等所做的贡献来说，其社会功能较弱。因此，在评价传统港口竞争力的时候，主要依据港口枢纽装卸设施的完备情况来确定。

在传统港口开发的时候，不考虑腹地经济贸易特征，与物资流通相关的港口产业基地开发也不同时进行。这样的传统港口的竞争力不能带来区域经济扩大和区域间相互交流与对外贸易增进效果，无法实现城市经济和港口经济的共同繁荣，无法促进城市和港口功能的一体化，在提高地区居民收入水平和丰富居民文化生活等福利层面上的贡献微乎其微。

环境友好型港口指的是完善了传统港口的局限性，使得物流流通更加顺畅从而增进生产力，同时重视强化市场形成效果。另外，在港口开发建设的时候，充分考虑到腹地经济发展水平和贸易特征，谋求港口和城市的和谐共存关系，通过构筑绿色港口，实现经济、社会、环境的协同发展。

传统港口竞争力主要是对港口枢纽设施的静态结果的比较，可以通过港口吞吐量实绩来评价现时的竞争力。传统港口发展为了达成短期物流供需协同，通过重视港口设施扩充等资源投入扩大产出，不重视投入产出的效率，是粗放型的增长模式。

环境友好型港口可持续竞争力通过维持港口投入和产出效率在动态过程中的协同，重视发挥港口发展和腹地经济发展的相互促进作用，重视减少投入或者扩大产出等效率提高问题，强调维持城市和环境的友好型关系，重视经济、社会、环境的协同发展，是一种包含了未来潜在竞争力的可持续竞争力。通过以上分析，传统港口竞争力和环境友好型港口可持续竞争力的区别如表 2－11 所示。

表 2－11　**传统港口竞争力和环境友好型港口可持续竞争力的比较**

区分	传统港口竞争力	环境友好型港口可持续竞争力
比较	静态的结果比较 现时的竞争力比较 目标是达成短期供需平衡 仅仅重视物流功能 仅仅重视资源投入 粗放型增长模式	动态过程的比较 包含未来潜在竞争力 目标是达成长期供需协同 重视投入资源的产出效率 追求经济、社会、环境的协同发展 集约式增长模式

四　可持续港口竞争力的构成要素和实现路径

一般来说，港口竞争力的全部要素总体上可以分为资源要素、能力要素、环境要素（具体内容如表 2－12 所示）。其中，资源要素是形成港口竞争力的基础性要素，对港口竞争力的发挥起着支撑性的作用。资源要素主要包括自然资源、经济资源、基础设施、运输体系、服务体系等。能力要素是港口竞争力形成的必要条件，是提升港口竞争力的路径。能力要素主要包括腹地经济发展能力、港口基础设施建设能力、物流服务质量提升能力、港口吞吐能力、物流信息化程度提升能力、物流管理能力、技术开发能力、资源再生利用能力、环境管理能力等。环境要素是港口竞争力形成的外部环境，是港口竞争力间接的、潜在的影响要素。环境要素主要包括宏观经济环境和生态环境等。

（一）可持续港口竞争力的构成要素

通过以上分析可以发现，可持续港口竞争力的构成要素主要由资源、能力和环境三个层面的竞争优势构成（如表 2－12 所示）。港口资源层面的竞争优势主要是指港口在现代化深水码头、物流服务质量、绿色港口建设等。港口能力层面的竞争优势主要是指经济腹地开发战略、港口间的合并、物流联盟、生态环境保护等层面的战略执行优势。港口环境层面的竞争优势主要指的是港口所在地区或国家政治社会安定、宏观经济增长稳定、海洋生态环境良好等。资源层面的竞争优势是港口竞争力生成的直接的、基础性的支撑要素，是港口竞争力的内在影响要素，能力和环境层面的竞争优势对港口竞争力产生间接的、潜在的影响，是港口竞争力的外在影响要素。

表 2－12　　**港口竞争力的全部构成要素一览表**

1级指标	2级指标	3级指标	1级指标	2级指标	3级指标
资源要素	自然资源	地理位置	能力要素	基础设施建设能力	泊位数量增长率
		自然条件			装卸机械装备增长率
		航道水深		服务质量提升能力	开辟航线增长率
	经济资源	港口投资			航班密度增长率
		腹地经济圈 GDP		吞吐能力	吞吐量增长率
		腹地经济圈进出口		物流信息化程度强化能力	Por－Mis
		港口经营收益			KL－Net
		港口利润		物流管理能力	战略规划能力
	基础设施	码头泊位数			人力资源开发能力
		码头泊位长度			培育企业文化能力
		装卸机械装备数量		技术开发能力	技术装备保有量/人均
	运输体系	公路运输体系			R&D 人员数
		铁路运输体系			R&D 经费投入
		水路运输体系		资源再生利用能力	人力资源开发
	服务体系	航线数量			培育商标
		航班密度			培育社会信用
		港口综合效率		环境管理能力	生态技术开发费用的比重
		集装箱效率			能源消耗
		港口费用			废弃物排放
		港口拥堵程度			可再生能源的投入量
能力要素	经济发展能力	港口投资增长率	环境要素	宏观经济环境	世界经济增长
		腹地经济圈 GDP 增长率			
		腹地经济圈进出口增长率			世界进出口增长
		港口利润增长率		生态环境	海洋环境

(二) 可持续港口竞争力的实现路径

综上所述，港口企业面临着宏观经济环境变化、物流体系功能创新、生态环境恶化等外部环境变化因素。港口企业为了维持竞争力，必须通过调整经营方式、战略转换等持续地保持港口在资源、能力和环境层面的竞争优势才可以实现港口的可持续竞争力。

动态能力指的是为了实现企业经济效率的最大化，从环境变化中寻找把握战略机遇，对基础性资源进行改造、扩充或者整合，把未来潜在的竞争优势转换成现实的竞争优势，不断地创造出一系列竞争优势的战略执行过程。

就港口来说，动态能力就是港口根据宏观经济增长缓慢、海上货运量增速降低、海运产业舱位过剩、海洋生态环境恶化等竞争环境的变化，在扩充港口内部资源的同时加强对外部资源的有效利用，通过资源再配置实现港口在现代化港口建设、绿色港口建设、吞吐量稳定增长等层面的战略优势，通过一系列的战略执行不断创造出新的竞争优势，最终，一系列竞争优势积累的和，也就是可持续港口竞争力的实现过程。

动态战略依据环境变化，可以创造出港口在资源、能力和环境等层面的一系列竞争优势，最终实现可持续港口竞争力。

具体来说，就是在资源层面依据船舶大型化趋势，不断完善和提高港口设施的现代化、信息化水平，在吸引货物层面，采取对应的市场营销策略，保证港口吞吐量的稳定增长；在能力层面，港口为了改善、提高运营管理效率，执行并购、重组、战略联盟等一系列的战略行动从而实现获取或者共享港口外部资源；在生态环境层面，实施低碳·绿色战略以构建环境友好型港口，把未来潜在的竞争力转换成现实的竞争力。可持续港口竞争力的实现路径如图 2-12 所示。

通过上述战略的实施，港口可以实现一面扩大、补充、更新构成港口竞争力的内部资源基础和能力基础，另一面获取或者共享外部战略资源，通过对内部和外部资源的再配置和再整合，可以提高资源配置的效率，持续不断地改善港口投入—产出效率，一系列新的竞争优势的持续创造，就可以实现可持续港口竞争力。

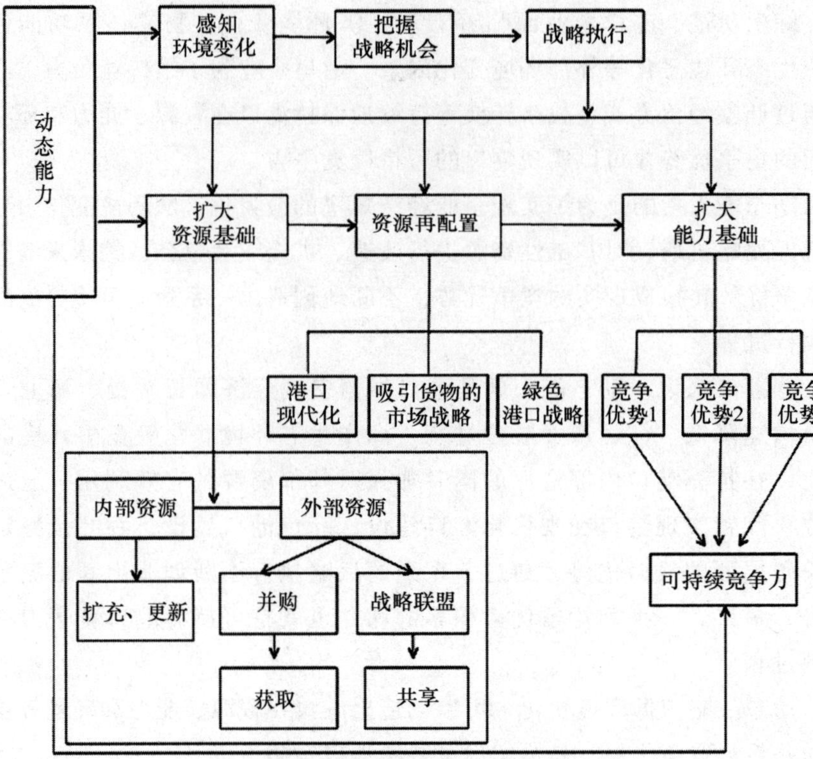

图 2-12　可持续港口竞争力的实现路径

第三章 青岛港的发展战略与可持续竞争力

第一节 青岛港的发展现状

一 青岛港概况

青岛港始建于1892年，是中国第三大外贸港口，2015年是世界第七大集装箱港口。青岛港主要提供集装箱、石油、铁矿石、粮食等货物的装卸、仓储、中转、分拨等物流服务以及国际客运服务。截至2014年，青岛港与世界上180多个国家和地区的700多个港口有贸易往来。2014年完成货物吞吐量4.68亿吨，同比增长4%；完成集装箱1658万标准箱，同比增长6.8%。2014年6月6日，在中国香港联交所成功挂牌，正式登陆国际资本市场。

截至2014年12月31日，青岛港运营73个泊位，包括49个处理单一类型货物的专用泊位及24个可处理金属矿石、煤炭及其他一般货物的通用泊位。凭借天然水深优势和业内领先的设施和设备，青岛港能够停泊世界上最大的集装箱船、铁矿石船及油轮。青岛港装卸效率一直居全球领先地位。2014年度，马士基码头泊位效率继续保持全球第一，铁矿石单船接卸效率达到10038吨／小时，纸浆单船接卸效率达到1606吨／小时。[1]

青岛港由青岛大港港区、黄岛油港区、前湾港区和董家口港区四大港区组成。其中，董家口港区已建成泊位25个，拥有世界上最大的30万吨级矿石码头、30万吨级原油码头，2014年完成吞吐量突破亿吨，

---

① 青岛港集团网站公开资料，http：//www. qdport. com/。

成为货种齐全、功能完备的现代化综合性港区。大港港区加快转型升级，已建成可停靠世界上最大的22.5万吨级邮轮的专用码头和邮轮客运中心主体。在前湾港区启动了世界上最先进的自动化码头建设。集装箱装卸效率、铁矿石卸船效率保持世界第一。世界最大的干散货船、集装箱船先后靠泊青岛港。

青岛港全面整合物流、贸易流、资金流、信息流，着力构建集装箱、干散货、油品、件杂货四大综合物流体系，完善了保税仓储、期货交割、破碎筛分、配煤配矿等增值服务功能，加快向现代综合物流服务提供商转型。

目前，董家口港区形成一次性堆存5500万吨的仓储能力、680万吨的保税堆存能力和每年6000多万吨的矿石混配、精配及煤炭混配能力，2014年实现保税矿煤1565万吨；与大连商品交易所合作开展的焦煤期货交割量达到31万吨，占全国交割量70%以上。

青岛港加快国际化运营，积极融入“一带一路”国家战略，形成《落实“一带一路”国家战略青岛港行动方案》；加快内陆港建设，在山东临沂、东营和淄博、河南郑州、新疆布局内陆港；在国家“规划”中海上丝绸之路15个港口之一的缅甸皎漂港，由中石油集团委托青岛港管理的中缅原油码头成功靠泊第一艘30万吨级原油船舶。青岛港引入优良社会资本，携手招商局、马士基等世界500强、跨国公司实现资本合作，成立40家合资公司，2014年落地合资项目22个，投资总额近100亿元。

青岛港加快金融战略落地。2014年财务公司开业运营，当年即营利5800多万元。青岛港与国家开发银行青岛市分行签署《服务“一带一路”国家战略开发性金融合作协议》，为参与“一带一路”沿线国家和地区基础设施互联互通建设、开展全方位的交流合作创造条件。拓展服务范围，从客户需求出发，研究完善金融战略推进方案，建设“1+1”金融服务平台（全网络化结算平台和一站式物流金融服务平台），促进产融一体化发展。

青岛港实施“互联网+”战略，建设智慧港口。在国内沿海港口率先建成EDI中心和物流公共信息平台，为口岸创造了统一的物流业务交互环境。内陆港信息系统已延伸至临沂、济宁、德州、西安、郑州、新疆、洛阳、成都等区域，提高了口岸通关效率，切实将“码头搬到内陆”。青岛港正在加快打造港口生产智能操作、物流电商网络服务、管理扁平协同运行、信息共享智能分析的智慧港口。

当前，青岛港认真落实中央、省、市的部署，科学把握新常态，主动适应新常态，积极融入“一带一路”国家战略，以建设第四代世界物流强港为目标，全面创新发展，推动青岛港建成物流、贸易、产业三位一体、综合实力强大、功能配套、优势明显、具有区域资源配置能力的第四代世界物流强港。①

青岛港作为山东沿海港口的桥头堡，地理位置优越、具备深水港口开发条件，拥有现在中国最大的集装箱专用码头、最大的原油码头、最大的铁矿石码头、中国一流的现代化煤炭码头和中国最大的港口电子数据交换 EDI（ Electronic Data Interchange）中心。

青岛港通过实施国际化战略，不断提高经济成长的质量和效率。青岛港和 Maersk，DP World，APL，COSCO，China Merchants Group，EADG，Haifeng（SITC International Shipping Group）等公司进行战略合作，正在努力构建中国最大的原油精炼化工产业、中转、贸易、保税、仓储五大基地。

青岛港依据中国国务院 2011 年《山东半岛蓝色经济区发展规划》中的第四代港口发展模式，通过实施“蓝海战略”计划把董家口港规划建设成世界一流铁矿石、煤炭、原油、散货等深水码头，全面发挥集综合性物流、专业化物流、加工、保税、仓储、商业贸易、信息、金融等综合性服务于一体的功能，目标是成为国际战略物资物流中心、世界重要能源交易中心、东北亚临港产业加工中心、世界大宗物资信息中心以及中国港口区域金融中心等。

二 青岛港的历史

青岛港开埠于 1892 年，至今已拥有 120 多年的历史，为世界最大的综合性港口之一。现在所说的青岛港的历史可追溯至 1949 年 8 月，控股股东的前身青岛市人民政府港务局成立。经过几轮内部重组，该实

---

① 国务院《山东半岛蓝色经济区发展规划》，2011 年 1 月 4 日。

体于1987年更名为青岛港务局并受青岛市人民政府和交通部管理，以青岛市人民政府为主要管理机关。① 原来所说的青岛港指的是现在青岛的老港区，现在所说的青岛港是青岛老港、黄岛油港、前湾港、董家口港四大港区的总称。青岛港的港区地理分布详图如图3－1所示。

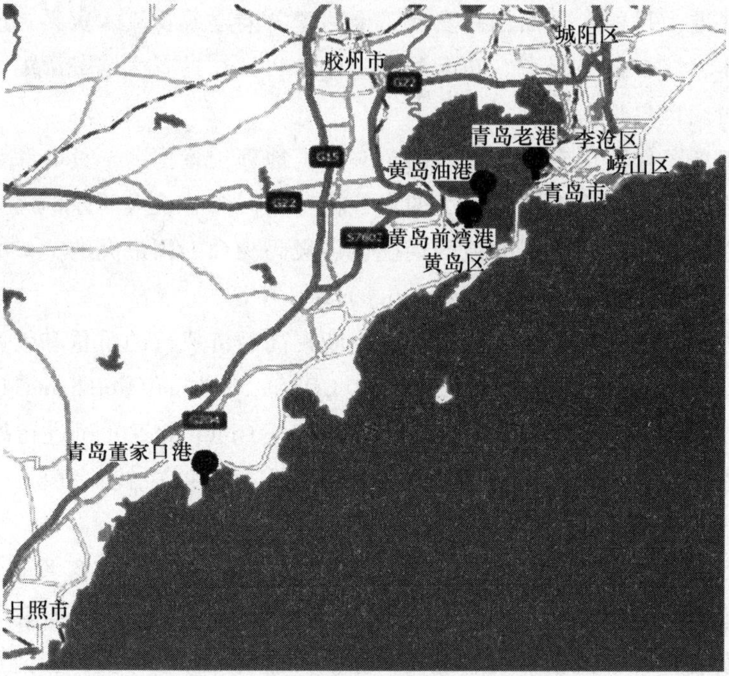

图3－1　青岛港港区分布图

根据国务院港口行业管理体制改革政策及青岛市人民政府的批准，控股股东青岛港集团于2003年1月由青岛市国资委改制为一家有限责任的国有独资公司（注册资本为人民币18.6亿元），以取代青岛港务局。分拆行政职能及相关资产后，青岛港务局的其余资产、相关人员、债权及负债均注入青岛港集团。2013年11月，青岛港成立股份有限公司，而青岛港集团的核心业务注入本公司（重组）。青岛港集团目前持有本公司90%的股权。

① http：//www. qingdao - port. com/zh/lsyg. jsp。

表 3－1　　青岛港的历史

年份	事件
1892	青岛港开埠
1949	青岛港吞吐量达到 720000 吨
1974	开始建设黄岛油港区，作为提供液体散货处理服务的主要港区
1987	开始建设前湾港区，作为提供散杂货及集装箱处理服务的主要港区
1997	青岛港集装箱吞吐量首次突破 100 万 TEU
2001	青岛港吞吐量首次突破 1 亿吨
	容量为 200000 载重吨的专用矿石泊位通过了国家检查并开始运营。其为当时世界上最大的专用矿石泊位之一
2002	外贸集装箱处理业务自大港港区搬迁至前湾港区
2003	青岛港务局改制为青岛港集团
	QQCT 由青岛港集团、中远码头（前湾）有限公司（中远前湾码头）及 PTS（控股）有限公司（PTS，一家由马士基及迪拜环球港务集团成立的公司）投资及重组
2006	青岛港吞吐量首次突破 2 亿吨、青岛港集团及中石化成立青岛实华
2008	青岛港吞吐量首次突破 3 亿吨及其集装箱吞吐量首次突破 1000 万个标准箱
	开始建设董家口港区，作为提供金属矿石、煤炭及液体散货处理服务的主要港区之一
2009	QQCTN 及青岛招商局成立 QQCTU
2011	QQCTU 及 APL－SITC Terminal Holdings Pte. Ltd. 成立 QQCTUA，青岛港集装箱吞吐量突破 1300 万 TEU
2012	青岛港吞吐量突破 4 亿吨，总吞吐量世界排名第七。集装箱吞吐量突破 1400 万 TEU，总集装箱吞吐量世界排名第八
2013	青岛港股份有限公司由控股股东与其他五名发起人以股份有限责任公司形式成立
2013	位于董家口港区的容量为 300000 载重吨的专用矿石泊位通过了国家检查并开始营运

资料来源：http：//www. qingdao－port. com/zh/lsyg. jsp。

（一）青岛老港

青岛老港位于胶州湾东部的青岛市市北区，青岛老港最初是过去德国侵占青岛时于 1892 年开设的码头，也叫青岛大港。青岛大港是由

"小港、中港、大港"三大贸易公司组合成立的公司，主要从事散货装卸和国际客运服务。青岛老港管辖海域面积约8405平方公里，30米等深线以内的海域面积约9165平方公里。老港位于中国黄河流域的入海口，是连接中亚、东南亚、东北亚等地区的海上交通贸易的重要港口之一。

青岛老港于20世纪60年代起开始建煤炭码头，80年代开始建集装箱码头，集装箱码头于1984年开张。港口主要从事内贸集装箱及散货业务，远港公司是内贸集装箱专用码头公司。内贸集装箱码头位于老港区52号泊位，泊位长260米，CY面积15万平方米，桥吊3台，轮胎吊10台，船公司8家，主要有青岛—海南、华南地区、福建省、江苏省以及浙江省、环渤海湾地区等28条内贸航线。[①]

青岛老港主要从事杂货的装卸和国际客运服务，是中国黄河流域最大的粮食集散基地。另外，青岛老港正在通过功能升级，努力打造世界游轮母港。目前，22.5万吨的游轮专用码头已经竣工，邮轮中心主体工程已建成。

截至2013年12月31日，大港分公司在大港港区营运配备18个泊位的四个码头，主要处理钢铁、氧化铝、钒土、化肥、金属矿石、煤炭及其他一般货物。大港港区从青岛港集团租用四个码头中的一个，设有五个泊位，主要用作处理粮食及其他件杂货。

（二）黄岛油港

青岛港于20世纪70年代开始在现在的老港区对面的青岛市黄岛区建石油码头。黄岛油港位于胶州湾西边的青岛市黄岛区。主要从事石油（原油、燃油、润滑油、石脑油、海洋油、油制品等）、化工品［酸性油（acidic oil），benzene等］、石油液化气（LPG）等货物的装卸、中转、仓储等业务。码头吞吐能力7000万吨，是中国黄河流域、太平洋西海岸重要的油制品中转和海上运输枢纽港，是中国大陆沿海地区油制品运输、中转和仓储的最大基地。[②]

---

① http：//www.qingdao-port.com/zh/lsyg.jsp。

② 同上。

表3-2　　黄岛油港码头及泊位

1974.02—1976.10	1期码头	泊位4个	7万吨以下油轮
1985.10—1988.11	2期码头	泊位1个	8万—30万吨油轮
2003.06—2004.11	LPG码头	泊位2个	5000吨LPG船舶停靠，码头作业场地两侧同时可以停靠2艘0.13万—1万吨位的船舶
2005.12—2007.04	3期码头	泊位1个	15万—45万吨油轮

资料来源：据《中国港口统计年鉴》公布资料再整理。

截至2013年12月31日，黄岛油港通过合营企业青岛实华在黄岛油港区营运配备11个泊位的五个码头，以处理液体散货。

（三）前湾港

前湾港是中国最大的集装箱中转港、冷藏箱进出口港、世界第七大集装箱港口，目前集装箱吞吐量为中国沿海港口第七位。前湾港拥有中国沿海港口现代化的煤码头、前湾20万吨级矿石码头，可接卸第六代

表3-3　　前湾港泊位用途及吞吐能力

区分	泊位数	泊位长（米）	泊位用途及吞吐能力	工期
1期	6	1512.85	煤炭泊位2个，泊位长569.1米，吞吐能力5万吨，突堤式码头 通用泊位1个，泊位长321.3米，吞吐能力3.5万吨，顺岸式码头 木材泊位1个，泊位长208米，吞吐能力2.5万吨，顺岸式码头 散货泊位2个，泊位长414.4米，吞吐能力2万吨，顺岸式码头	1987.7—1999.6
2期	6	1348	3号泊位是5万吨集装箱泊位 剩余的是散货泊位	1994.5—1999.6
3期	7	2413	2个5万吨集装箱泊位 5个10万吨集装箱泊位	2000.7—2005.9
4期	10	1320	10个顺岸式码头 集装箱专用泊位	2007.9开建，2010年1—4泊位竣工

资料来源：http：//www.qqctu.cc/index.action。

大型集装箱船舶的集装箱专用深水泊位，主要开展集装箱装卸、储存、中转、代理、拆装箱、修洗箱、冷藏、危险品储存等全方位服务，承担了青岛港80%的吞吐量，成为以矿石、煤炭和集装箱运输为主的大型现代化、多功能、高效率的贸易和物流中心。①

青岛前湾集装箱码头有限责任公司（以下简称QQCT），成立于2000年7月，由青岛港务局（2003年改制为青岛港（集团）有限公司）与英国铁行港口公司（2006年已被迪拜港口收购）合资经营。

2003年7月，青岛港集团在此基础上再次强强联合，携手丹麦马士基集团、中远集团，四方共同出资组建青岛前湾集装箱码头有限责任公司。该项目投资总额为8.87亿美元，该合资项目是山东省迄今为止最大的基础设施合资项目。

图3-2 青岛前湾联合集装箱码头有限公司地理位置图

资料来源：http：//map.baidu.com/。

① http：//www.qingdao-port.com/zh/lsyg.jsp。

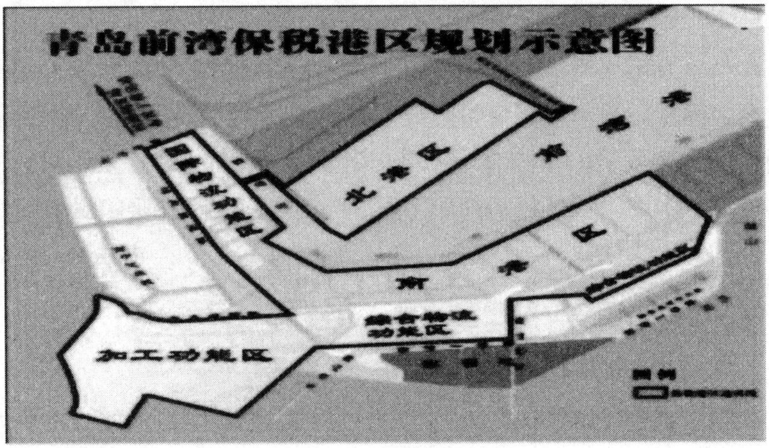

图 3-3　青岛前湾港规划图

资料来源：http：//image. baidu. com。

青岛前湾集装箱码头有限责任公司拥有 11 个深水集装箱船舶专用泊位，码头岸线长达 3400 米，堆场总面积达 225 万平方米，陆域纵深 1.5 公里，泊位水深 17.5 米，可以全天候装卸 10000TEU 以上的超大型集装箱船舶，年集装箱通过能力可达 650 万 TEU 以上，是目前世界上最大的集装箱码头企业之一。QQCT 位于环太平洋西海岸，是中国沿黄流域最方便、最经济的出海口和国际集装箱中转枢纽。

截至 2013 年 12 月 31 日，前港分公司以及合营企业 QQCT 及西联在前湾港区的 10 个码头营运配备 36 个泊位，主要处理集装箱、金属矿石、煤炭、纸浆及其他一般货物。

表 3-4　**2013 年青岛前湾集装箱专用码头设施现状**

区分		区分	
泊位长（米）	6577	CY 面积（万平方米）	415
泊位数（个）	20	冷冻插头（个）	1360
泊位水深（米）	-18	轮胎吊（个）	106
航道水深（米）	-15	桥吊（个）	67

资料来源：http：//www. qqctu. cc/index. action。

（四）董家口港

青岛市董家口港区位于青岛市南翼的胶南市（今黄岛区）辖区琅琊台湾，靠近青岛市与日照市分界线，行政区划于泊里镇。董家口港区近海自然水深平均15米，距岸1000米水深可达20米，是不可多得的天然优良深水港，港区规划面积70平方公里、临港产业区规划面积65平方公里，码头岸线长约35.7公里，泊位数112个，建成后总吞吐能力将达到3.7亿吨。①

表3-5 董家口港的泊位数及吞吐量

区分	2012年	2013年
泊位数（个）	11	20
吞吐量（万吨）	3006	7000

资料来源：www.qingdaoport.com。

2009年3月1日，国家交通运输部与山东省人民政府联合批复了《青岛港董家口港区总体规划》，对董家口港区做了明确定位：董家口港区为国家枢纽港青岛港的重要组成部分，是青岛港优化港口布局和实现可持续发展的重要依托。以大宗散货、液体化工品及杂货运输为主，将逐步发展成为服务腹地物资运输和临港产业开发的大型综合性港区。②

其战略定位是：董家口港区是青岛市“环湾保护、拥湾发展”战略实施的核心组成部分，是山东半岛蓝色经济区、环渤海经济圈经济增长的重要引擎，是东北亚国际航运中心的重要依托。其功能定位是：董家口港区是国家枢纽港青岛港的重要组成部分，是国家大宗散货集散中心和重要的能源储运中心（简称“一枢纽两中心”）。

依据董家口港开发战略规划，计划建设6个大型开散式码头，董家口港区内的重要工程之一——世界上最大的40万吨级矿石码头和45万吨级油码头正在建设之中。同时，其后方是约8.7平方公里的散货作业

① http：//www.qingdao-port.com/zh/lsyg.jsp。

② http：//qd.ifeng.com/special/dongjiakou/detail_2015_01/26/3476650_0.shtml。

区，建成后，将成为全国最大的散货作业区。优先启动的大宗散货区与液体化工品区共分配了13个泊位，均有足够的运量保障；尚余33个泊位，包括4个40万吨以上的大型泊位，为未来可持续发展预留了充足的空间。

表3-6　　　　董家口港开发计划

区分	港区面积	临港产业园面积	码头岸线长	泊位数	吞吐能力
指标	70平方公里	65平方公里	2900米	112个	3.7亿吨

资料来源：www. qingdaoport. com.

图3-4　董家口港规划图

资料来源：http：//image. baidu. com.

根据港区发展战略，港区建设将分三个阶段进行，至2030年，港区总吞吐量将达到19200万吨。

第一阶段（2010—2015）以“为胶州湾干散货迁移与临港产业发展提供运输保障”为导向，初步建成铁矿石、原油、煤炭等大宗散货的海运直达、中转联运运输体系。

第二阶段（2016—2020）以“建设国家大宗散货集散中心和重要的能源储运中心”为导向，初步确立董家口港区散货中转枢纽港的地位。

第三阶段（2021—2030）以集“建设融综合物流、商贸流通、现代服务业、临港工业功能于一体的现代化综合性国际化港口”为导向，发展临港工业，完善现代港口产业体系。以铁矿石、原油、煤炭等大宗货物的集散与中转为抓手，以稳定的航线为基础，形成国家大宗散货集散中心和重要的能源储运中心，进一步调整和优化环渤海湾乃至全国的港口布局与功能。

港区内的山东液化天然气（LNG）项目正在加紧建设。LNG 项目建设分三期：一期工程建设规模为 300 万吨/年，按总体统筹控制计划确定，工程达到首船接气条件，2016 年可达产。二期建设规模为 500 万吨/年，供气能力 67 亿方，2016 年建成投产。三期规模 1000 万吨/年，供气能力 135 亿方，2018 年建成投产。项目在 2013 年 9 月 20 日接收来自中东卡塔尔的气源，11 月 30 日正式投入商业运营。整个项目建成后，成为华北最大的天然气站。届时，青岛乃至整个华北地区的天然气供应实现了海陆双气源，天然气供应紧张的局面得到了有效缓解。

表 3-7 **董家口港长期战略目标**

区分	内容	吞吐量目标
2010—2015	以“胶州湾干散货中转及临港产业发展的运输保障”为目标初步建设铁矿石、原油、煤炭及大宗散货海上直接运输及中转复式联运体系	7600 万吨
2016—2020	以“构建国家大宗散货集散中心及重要能源运输储藏中心基地”为目标，初步确立董家口港散货中转枢纽港的位置	250 万 TEU，200 万吨散货
2021—2030	以综合性物流、商流、现代服务业、临港产业等功能一体化的现代综合国际化港口为目标，形成国家大宗散货集散中心及重要能源运输储存中心	500 万 TEU，500 万吨散货

资料来源：据 www.qingdaoport.com 资料整理。

三 青岛港的码头设备设施现状

（一）集装箱装卸服务设备设施

前湾港区主要通过 QQCT 及 QQCTU 提供集装箱处理服务，前湾港区经营 20 个专用集装箱泊位，可停泊全球最大（载重量 18000 TEU）的集装箱船。前湾港区也与大港港区及通过威海港及日照港的合营企业提供小规模的集装箱处理服务。前湾港集装箱处理服务客户主要为从事外贸及国内贸易的船公司。

前湾港 2012 年的集装箱装卸效率也是全球最高的。根据 Journal of Commerce 杂志发表的《2012 年港口生产力》（Port Productivity 2012），就集装箱装卸效率而言，2012 年，前湾港以每小时移动 96 次的年平均处理率在所有主要国际港口经营者中排名第一。

前湾港也是环渤海地区、长江沿岸以及日本及韩国港口的集装箱转运枢纽。集装箱转运是指集装箱通过前湾港的设施从一艘船舶上卸载后再装上另一艘船舶，以运往另一港口。前湾港的转运服务有助于增加前湾港的集装箱吞吐量及客户对增值服务的需求，同时扩大前湾港的腹地及区域港口网络。前湾港拟持续通过发展现代物流服务及贸易促进服务等配套及延伸服务来发展转运业务。①

表 3-8　**青岛前湾港集装箱装卸机械装备数量统计**　（台）

年度	桥吊	轮胎吊
2000	7	7
2001	10	23
2002	18	39
2003	24	51
2004	24	66
2005	26	69
2006	32	69
2007	34	93
2008	36	105
2009	38	105
2010	38	105
2011	38	105
2012	67	106

资料来源：据《中国港口统计年鉴》2013 年度资料整理。

① 资料来源：http：//www. qqct. com. cn/ 网站公开资料再引用。

表 3-9 青岛前湾港集装箱码头工作人员数量统计 （名）

年度	工作人员
2005	1437
2006	1667
2007	1531
2008	1741
2009	1832
2010	1685
2011	1714
2012	1730

资料来源：据《中国港口统计年鉴》2006—2013 年度资料整理。

除装卸服务外，前湾港也提供集装箱配套港口服务，包括集装箱短期储存、拼箱及拆箱以及集装箱维修服务。前湾港也为装有非标准货物如冷冻货品及危险品的集装箱提供特设的储藏服务。

（二）铁矿石和煤炭装卸服务设备设施

前湾港有 7 个铁矿石泊位，装卸设备 3 台，作业效率 2500 吨/小时，可以满足 5 万—25 万吨大型散货船舶装卸作业。铁矿石仓储能力 1100 万吨。装卸流程如下：（1）船—货场—火车；（2）船—货场—中转船；（3）船—中转船等。铁矿石中转拥有铁路内燃车装备 7 台，铁路线长 46.58 公里，装载能力 3500 吨/小时，具备 5500 吨大型火车箱体装船能力。

黄岛油港有原油装卸码头 5 个，11 个泊位。1 期码头 1976 年竣工，建成 4 个泊位，可以停靠 7 万吨以下油轮。2 期原油码头 1988 年竣工，1 个 8 万—30 万吨的油轮泊位，液体化工码头有 3 个泊位，停靠 0.1 万—15 万吨船舶。3 期原油码头 2007 年竣工，1 个泊位，可停靠 15 万—45 万吨船舶，液体化工码头于 2003—2004 年建成 2 个 5000 吨泊位，码头作业场地两侧可同时满足 2 艘 0.1 万—1 万吨液体化工船舶装卸作业。黄岛油港码头吞吐能力为 5891 万吨，是中国黄河流域，太平洋西海岸最大、最重要的油制品中转港和海上运输枢纽港，也是中国最大的油制品运输、中转、仓储基地。

前湾港区的九个专用泊位及通过QDOT位于董家口港区的两个泊位提供金属矿石及煤炭处理服务。此外，在前湾港区营运六个能处理金属矿石和煤炭的通用泊位。在前湾港区能向20万载重吨的矿石船提供装卸服务。前湾港区也利用大港港区的五个通用泊位处理少量金属矿石及煤炭。金属矿石及煤炭处理服务的客户主要为国内外金属及采矿公司，以及国内发电厂和钢厂。

金属矿石及煤炭处理服务包括铁矿石、铜矿石、铝矿石、镍矿石及煤炭。

前湾港区大部分金属矿石及煤炭吞吐量为进港卸货，进港金属矿石及煤炭通常通过铁路从位于前湾港区的设施运出。位于前湾港区设施上的铁路及相关设备使前湾港码头能够高效率地装卸金属矿石及煤炭，从而提升前湾港区的竞争优势。

前湾港区亦提供金属矿石及煤炭短期储藏服务。前湾港区通过多种防护措施谨慎处理以确保将储藏于前湾港区设施里的金属矿石及煤炭在处理过程中的耗损减至最低。

（三）液体化工产品装卸服务设备设施

黄岛油港区主要通过合营企业——青岛实华提供液体散货处理服务。青岛实华在该港区经营11个液体散货处理专用泊位，能容纳载重达44万载的油轮。液体散货处理服务的客户包括大型油气公司、化学品公司及其他能源公司。

液体散货处理服务包括在船舶与黄岛油港区的设施间装卸原油、燃油、成品油产品、液态化学品及液化天然气以及该等液体散货货物的储藏及管道运输服务。

青岛实华向环渤海地区及长江沿岸的港口提供进口原油转运。青岛实华现有的转运网络覆盖多个港口，包括南京港、连云港、日照港、烟台港及天津港。

青岛实华主要在黄岛油港区使用自有及租赁油罐提供液体散货的储藏服务，也提供液体散货管道的运输服务，以符合成本效益及高效的方式使用黄岛油港区设施的自有管道将液体散货输送至外部管道网络。

(四) 一般货物处理服务设备设施

一般货物处理服务主要在大港港区及通过合资企业——西联公司在前湾港区提供，董家口港区也提供少量其他一般货物装卸服务。西联公司营运一个粮食专用泊位、一个冷冻品专用泊位及15个能够处理各类其他杂货的通用泊位，包括钢铁、粮食、汽车、机械及设备、化肥、化学品、木材、纸浆及冷冻品。除装卸服务外，西联公司亦提供其他一般货物的储藏服务。其他一般货物处理服务的客户包括多家国内制造公司。

(五) 配套延伸服务

青岛港提供配套及延伸服务的种类不断增加，包括物流服务、贸易促进服务、与融资相关的服务及其他港口增值服务。青岛港致力于预先考虑并满足客户及与客户交易的其他方的广泛需求。青岛港配套及延伸服务的客户包括港口服务客户，例如船公司、货主、制造商、原材料供货商、航运过程参与方的代理，以及与港口服务客户交易的其他方。

物流服务：凭借青岛港在港口设施及信息方面的优势，除与传统港口相关的物流服务外，还拓展物流价值链并不断增加提供现代物流服务的种类。

公路运输服务：青岛港为集装箱、金属矿石及煤炭以及其他一般货物的公路运输提供服务。目前，青岛港以第三方拥有的卡车提供绝大部分的公路运输服务，其次以青岛港拥有的卡车提供公路运输服务。青岛港计划扩大自有车队以进一步减低客户的运输成本。

代理及清关服务：青岛港提供多种代理及清关服务。青岛港担任货主的货运代理，代表货主物色并协商货运服务。青岛港亦协助多类客户准备报关单证及办理申报事宜。凭借青岛港在位置上与港口毗邻及在业务方面与相关各方的紧密合作关系，青岛港得以向船务公司、货运代理商、进出口商提供有效率及有效益的代理服务。

保税区服务：青岛港凭借前湾港区的保税区优势提供广泛的保税区服务，包括仓储、加工、转运及其他物流服务。青岛港的保税区使客户能获得关税、增值税、消费税或进出口配额的豁免或减额待遇，并提供便捷的清关程序。此外，青岛港亦在所有四个港区提供保税仓储服务。

无水港服务：为进一步渗透至青岛港的腹地及向客户提供更佳的一站式物流服务，青岛港与许多无水港进行合作，向包括河南省郑州市在内的四个城市提供无水港服务。青岛港透过无水港提供基本港口的相关服务（如清关及单证）及优化物流服务（如双向货源采集及地区性货物集散服务）。无水港集合地区货源，在青岛港的港口及无水港之间建立直接及有效的物流管道，为客户提高了物流效率。

贸易促进服务：凭借青岛港在大宗资源与能源货物吞吐量、港口设施贸易活动与客户集中方面的优势以及青岛港在客户中的信誉，青岛港提供包括贸易经纪服务及贸易信息发布服务在内的贸易促进服务。

与融资相关的服务：青岛港的许多客户（如船运公司及货主）在其业务活动中有融资需求。金融机构经常委托青岛港储存及监护用作其向客户所提供融资服务（如以仓库收据抵押的贷款）的抵押品货物。该类与融资相关的服务有助于客户盘活资金，提高货物交易量，从而提高青岛港的吞吐量。

其他港口增值服务：青岛港提供广泛的其他增值服务，包括理货、拖轮及驳运等配套服务；装箱及拆箱等集装箱相关服务；金属矿石及煤炭筛选、洗选及混合以及其他一般货物分类及重新包装等简单加工服务。

四 青岛港的泊位开发现状

青岛港的泊位数在2000—2012年期间持续增加，从2000年的46个增加到2012年的79个，增长了1.7倍。万吨以上的泊位数和泊位长也分别增长了2.1和2.2倍。截至2012年底，万吨以上泊位数占总泊位数的比重达到76.4%，这说明青岛港在进行泊位开发建设时不仅重视泊位的数量增长，同时也十分重视泊位的规模大小。比起青岛港的总吞吐量，泊位数量并不是很多，这说明青岛港的单个泊位的货物吞吐能力强，泊位的利用率高。

表 3 - 10　　2000—2012 年青岛港泊位开发现状

年度	泊位数（个）	万吨以上泊位数（个）	泊位长（米）
2000	46	30	9522
2001	43	32	10147
2002	43	32	10147
2003	47	36	11539
2004	49	37	12005
2005	52	40	13018
2006	54	42	13380
2007	59	48	14969
2008	63	48	15618
2009	73	57	18749
2010	75	59	19500
2011	75	59	19500
2012	79	63	20944

资料来源：据《中国港口统计年鉴》2000—2012 年资料整理。

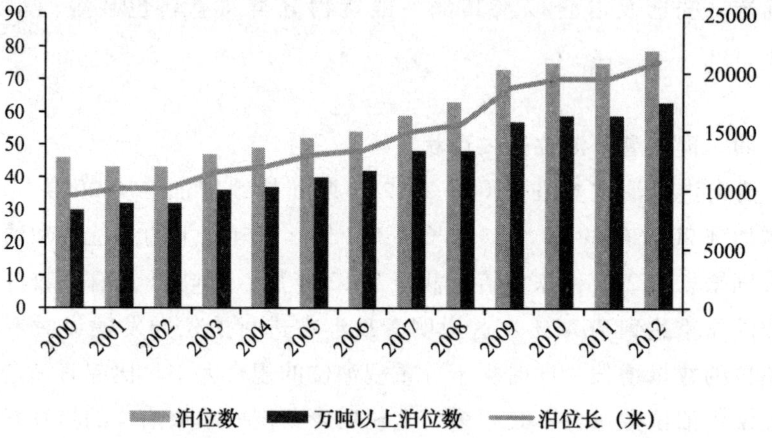

图 3 - 5　青岛港泊位开发增长趋势

第二节　青岛港的吞吐量

一　青岛港货物吞吐量变化趋势

青岛港的总吞吐量从 2000 年的 8636 万吨增加到 2015 年的 4.3 亿吨，约增长了 5.0 倍。2000—2015 年，青岛港的总吞吐量年平均增长率约为 11.4%，总体上保持了高位增长。

表 3 - 11 和图 3 - 6 分别具体呈现了青岛港吞吐量增长率的变化趋

表 3 - 11　　　　青岛港货物吞吐量一览表

年度	总吞吐量（万吨）	增长率（%）
2000	8636	—
2001	10398	20.40
2002	12213	17.50
2003	14090	15.40
2004	16265	15.40
2005	18678	14.80
2006	22415	20.00
2007	26502	18.20
2008	30029	13.30
2009	31546	5.10
2010	35012	11.00
2011	37230	6.30
2012	40690	9.30
2013	45000	10.60
2014	47700	4.19
2015	43000	-9.85
2000—2015	增长倍数：5.0	平均：11.4

资料来源：据中国国家统计局 2000—2015 年资料整理。

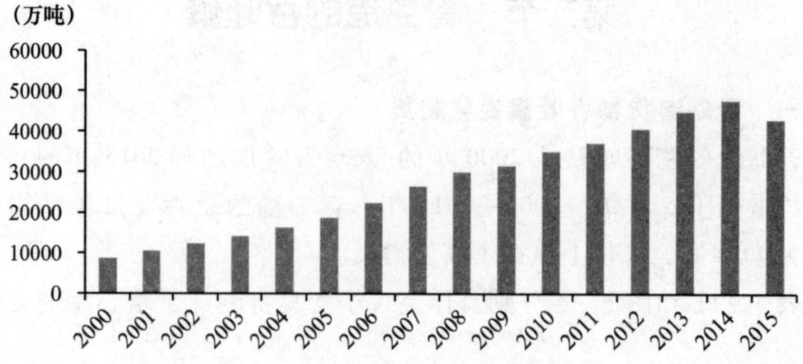

图 3-6 青岛港货物吞吐量变化趋势

势。青岛港的吞吐量增长率在 2001 年达到 20.4%，为 2000—2013 年的最高增长率。2001—2008 年的增长率呈现轻微减少趋势，除 2006 年达到 20.0% 的顶点外，其余年度的增长率都在 10.0% 以上。2008 年受世界金融危机的影响，2009 年的增长率降到 5.1%，2010 年再度恢复到 11.0%。2011 年因为世界经济增速放缓又降到 6.3%，但是 2013 年青岛港的吞吐量再次恢复到 10.6% 的高增长率。

二 青岛港集装箱吞吐量变化趋势

（一）集装箱吞吐量变化趋势

青岛港集装箱吞吐量从 2000 年的 212 万 TEU 增加到 2015 年的 1734 万 TEU，增长了约 8.2 倍。2000—2015 年的平均增长率约为 15.4%，保持了非常高的增长率。

青岛港的集装箱吞吐量增长率在 2002 年达到了 29.2%，是 2000—2015 年的最高增长率。从 2007 年开始因受到全球金融危机的影响，全球经济增长缓慢及进出口贸易不景气，青岛港的集装箱吞吐量大幅跌落，2009 年增长率仅为 2.4%，是 2000—2013 年的最低增长率。2009 年以后，青岛港的集装箱增长率在 2010 年再次高涨到 17.1%，从 2010 年开始到 2013 年呈现出轻微的下降趋势。

表 3－12　　**青岛港集装箱吞吐量统计**

年度	青岛港集装箱吞吐量（万 TEU）	增长率（%）
2000	212	—
2001	264	24.50
2002	341	29.20
2003	424	24.30
2004	514	21.30
2005	631	22.70
2006	770	22.10
2007	946	22.90
2008	1002	5.90
2009	1026	2.40
2010	1201	17.10
2011	1302	8.40
2012	1450	11.40
2013	1552	7.00
2014	1658	6.84
2015	1734	4.58
2000—2015	增长倍数：8.2	平均：15.4

资料来源：据中国国家统计局 2000—2015 年资料整理。

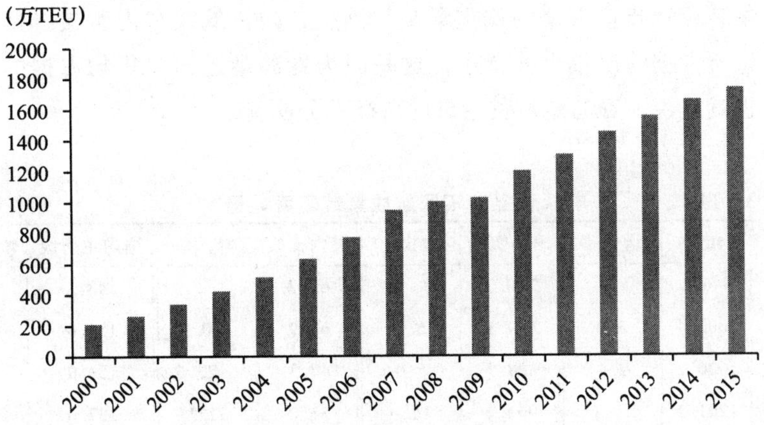

图 3－7　青岛港集装箱吞吐量变化趋势

（二）集装箱航线开辟现状

青岛前湾港主要从事外贸集装箱运输业务，青岛老港区的远港公司主要从事内贸集装箱运输业务。表 3－13 展现了 2005—2012 年前湾港外贸集装箱的航线数和远港内贸集装箱的航线数，其中前湾港集装箱航线数总体保持在 120 条以上。

表 3－13　青岛港集装箱航线数量一览表　（条）

年度	前湾港	远港
2005	147	12
2006	132	20
2007	131	20
2008	129	30
2009	128	16
2010	140	—
2011	124	—
2012	124	—

资料来源：据《中国港口统计年鉴》2006—2013 年资料整理。

（三）不同航线的集装箱吞吐量

表 3－14 展现了青岛港不同航线集装箱吞吐量的变化趋势。首次，外贸集装箱吞吐量占据的比重最高；其次，内贸航线和内贸支线集装箱吞吐量所占据的比重十分微小，这是因为青岛港进出口货物占据的比重高，也就是说，青岛港外贸港口的特征十分明显。

表 3－14　青岛港不同航线集装箱吞吐量　（万 TEU；%）

年度	合计	增长率	国际航线	增长率	国内支线	增长率	国内主航线	增长率
2007	946.2		740.7		62.2		143.3	
2008	1002.4	5.9	789.1	6.5	61.9	－0.5	151.0	5.4
2009	1026.2	2.4	828.9	5.0	47.3	－23.6	150.0	－0.7
2010	1201.2	17.1	961.2	16.0	53.0	12.1	187.0	24.7
2011	1302.0	8.4	958.5	－0.3	80.2	51.3	263.2	40.7

资料来源：据《中国港口统计年鉴》2007—2011 年资料整理。

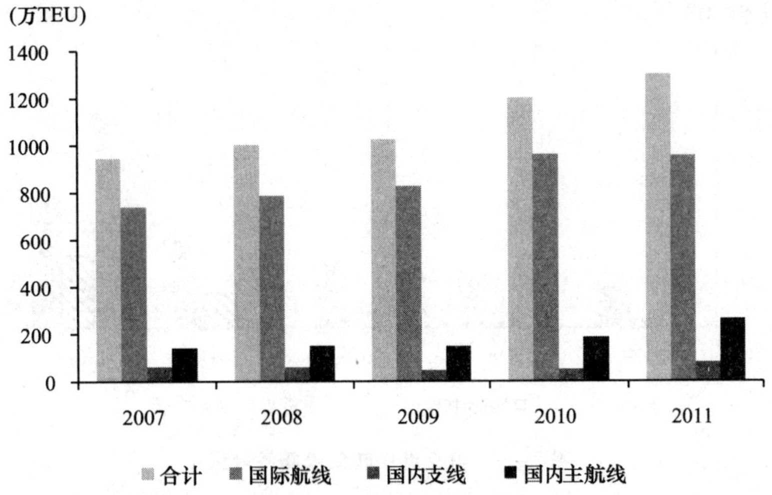

图 3－8　青岛港不同航线集装箱吞吐量变化趋势

（四）中转集装箱吞吐量

青岛港集装箱中转物流业务主要集中在前湾港。从整体中转吞吐量来看，2009 年世界金融危机发生时增长率为 4.3%，从 2010 年开始出现高速增长。另外，国际货物中转 2010 年的增长率为 169.4%，2011 年的增长率为 130.6%，呈现出非常高的增长势头。

表 3－15　**青岛港中转集装箱吞吐量**　（万 TEU；%）

年度	总中转吞吐量	增长率	国际中转	增长率	进出口沿岸中转	增长率
2008	59.6	-	6.8	-	52.8	-
2009	62.1	4.3	4.9	-27.2	57.2	8.3
2010	72.4	16.5	13.3	169.4	59.1	3.3
2011	113.5	56.8	30.6	130.6	82.9	40.2
2012	202.0	78.0	65.1	112.9	117.6	41.9

资料来源：据《中国港口统计年鉴》2007—2011 年资料整理。

三　青岛港的货物结构

（一）主要货物的比重

通过表 3－16 可以看到，青岛港的货物结构主要由铁矿石、煤炭、

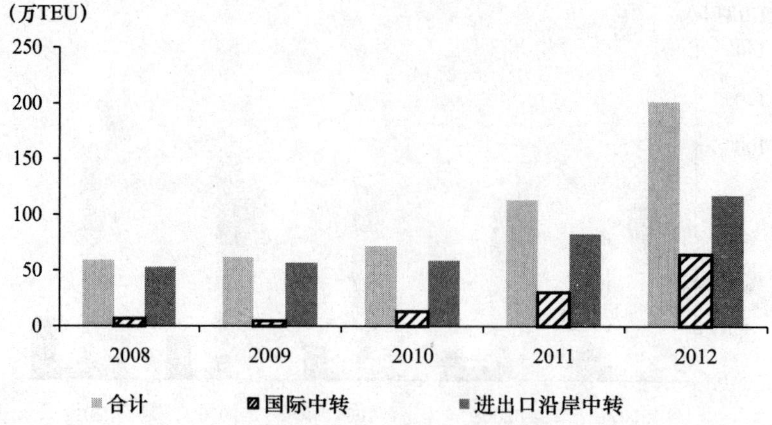

图3-9　青岛港中转集装箱吞吐量

原油、集装箱货物等构成。从不同货物的比重来分析，铁矿石在2007—2011年的平均比重为32.2%，属于比重最高的货物，其次是原油和煤炭，比重分别为17.7%、4.7%。

表3-16　**青岛港不同货物的吞吐量比重**　(万吨;%)

年度	铁矿石(A)	比重(A/D)	煤炭(B)	比重(B/D)	原油(C)	比重(C/D)	青岛港总吞吐量(D)
2007	8151	30.76	1256	4.74	4470	16.87	26502.0
2008	9499	31.63	1507	5.02	5548	18.48	30029.0
2009	10073	31.93	1644	5.21	6014	19.06	31546.0
2010	12419	35.47	1625	4.64	6650	18.99	35012.0
2011	11381	30.57	1593	4.28	6295	16.91	37230.0
2012	13250	32.6	1707	4.2	6539	16.1	40690.0

资料来源：据《中国港口统计年鉴》2007—2011年度资料整理。

另外，青岛港也从事国际客运和汽车进出口业务。国际客运量2005—2012年平均约为14.0万名，从2008年9月青岛前湾保税港区成立后，2010年开始从事汽车进出口业务，2010—2012年，汽车运输量分别为8万台、8.7万台和5.5万台。

表 3－17　　青岛港汽车吞吐量及客运量

年度	汽车（万台）	旅客（万名）
2005	—	13.7
2006	—	15.35
2007	—	15.5
2008	—	16.66
2009	—	8.8
2010	8	13.1
2011	8.7	16.6
2012	5.5	12.6

资料来源：据《中国港口统计年鉴》2007—2012 年资料整理。

（二）外贸货物的比重

从青岛港的货物特征来分析，2005—2013 年，进出口货物占总货物的年平均比重约为 72.4%。这是因为青岛港腹地的进出口非常活跃，同时也说明了青岛港的特征是外贸港口，青岛港非常重视国际航线的开拓能力。青岛港现在和世界上 180 个国家或者地区的 700 余个港口有贸易往来。

表 3－18　　青岛港进出口货物占总吞吐量的比重　　（万 TEU;%）

年度	总货物（A）	进出口货物（B）	比重（B/A）
2005	18678.5	14178.0	75.91
2006	22415.4	16833.0	75.10
2007	26502.0	19011.0	71.73
2008	30029.0	20665.0	68.82
2009	31546.0	22205.0	70.39
2010	35012.0	25541.0	72.95
2011	37230.0	26394.0	70.89
2012	40690.0	28700.0	70.53
2013	45000.0	28615.0	63.59

资料来源：据《中国港口统计年鉴》2005—2013 年资料整理。

四　青岛港的地位

（一）中国十大集装箱港口

以2015年为基准，中国十大港口分别为上海港、深圳港、宁波·舟山港、青岛港、广州港、天津港、大连港、厦门港、营口港、连云港。2015年，青岛港的集装箱吞吐量为1743.56万TEU，在中国继上海港、深圳港、宁波·舟山港之后，位于第四位。2000—2006年，青岛港集装箱吞吐量位居中国第三，2007年因为宁波·舟山港合并后的急剧发展，青岛港的排名落后到第五名，2013年再次超越广州港上升到第四名。

表3-19　**中国十大集装箱港口的吞吐量一览表**　（万TEU）

区分	上海港	深圳港	宁波·舟山港	青岛港	广州港	天津港	大连港	厦门港	营口港	连云港
2000	561.2	399.4	90.2	212.0	143.1	170.8	101.1	108.5	—	—
2001	634.0	507.9	121.3	263.9	162.8	201.1	120.9	129.5	—	—
2002	861.2	761.4	185.9	341.0	218.0	240.8	135.2	175.4	—	—
2003	1128.2	1061.5	276.3	423.9	276.2	301.5	167.9	233.1	—	—
2004	1455.7	1361.5	400.6	514.0	330.8	381.4	221.1	287.2	—	—
2005	1808.4	1566.0	520.8	630.7	468.3	480.1	265.5	334.2	78.5	100.5
2006	2171.0	1846.8	706.8	770.2	660.0	595.0	321.2	401.9	101.1	130.2
2007	2615.2	2110.4	943.1	946.2	925.9	710.2	381.3	462.7	137.1	200.3
2008	2800.6	2141.6	1093.4	1002.4	1100.1	850.3	452.5	503.5	203.6	300.0
2009	2500.2	1825.0	1050.3	1026.2	1120.0	870.4	457.6	468.0	253.7	303.2
2010	2906.9	2251.0	1314.7	1201.2	1254.6	1008.6	526.3	582.4	333.8	387.1
2011	3173.9	2257.1	1471.9	1302.0	1425.0	1158.8	640.0	646.5	403.3	485.2
2012	3252.9	2294.1	1617.3	1450.3	1474.4	1230.0	801.0	720.2	485.1	502.0
2013	3361.7	2327.8	1732.7	1552.0	1530.9	1300.0	1001.5	800.8	530.1	548.8
2014	3528.50	2403.00	1945.00	1662.44	1616.00	1405.0	1012.76	857.24	576.82	500.54
2015	3653.7	2421.0	2062.9	1743.56	1739.66	1411.13	944.86	918.28	592.25	500.92

资料来源：据中国国家统计局2000—2015年资料整理。

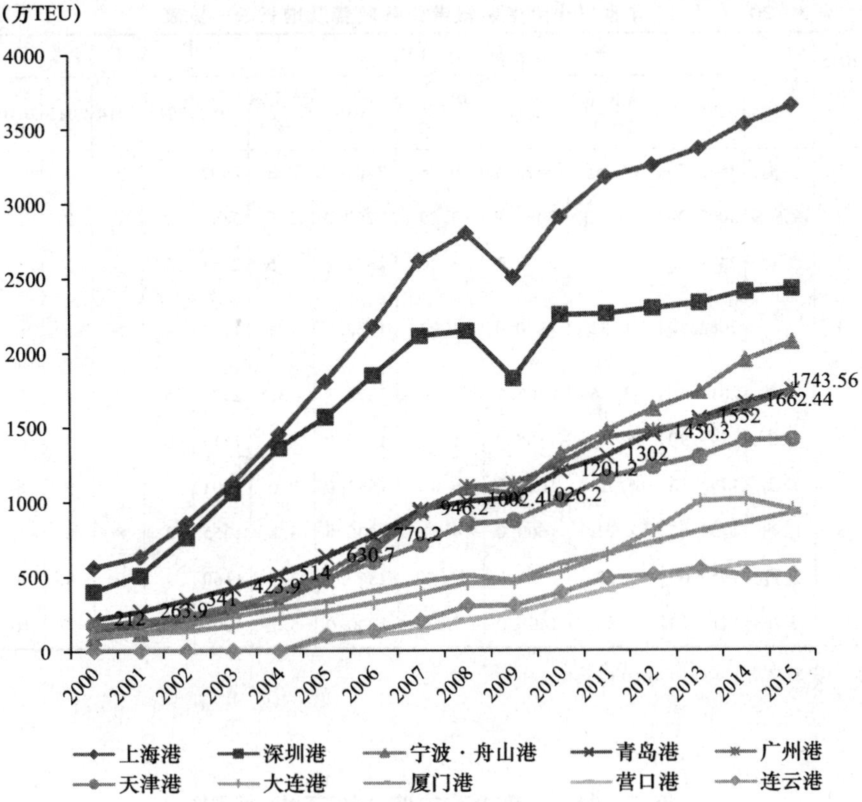

图 3－10　中国 10 大港口集装箱吞吐量变化趋势

（二）世界十大集装箱港口

2000—2015 年，青岛港的总吞吐量年平均增长率约为 11.4%，集装箱吞吐量年均增长率约为 15.4%，从总体趋势来看，集装箱的吞吐量增长率高于总货物吞吐量的增长率。青岛港集装箱吞吐量在中国不仅占据重要位置，在世界港口的排名上也十分靠前。

青岛港在世界集装箱港口中所占据的具体名次如表 3－20 所示。青岛港集装箱吞吐量在 2010 年和 2012 年位居世界第八，2013 年以 7% 的年增长率上升到世界第七，2014 年和 2015 年也保持了世界第七大港的排名。青岛港吞吐量在世界经济贸易不景气的状况下依然保持了持续增长，证明了青岛港在自我经营管理和吸引货物等层面的战略十分有效。

表 3 - 20 2015 年世界十大集装箱港口吞吐量及增长率一览表

2015名次	港口	吞吐量（万 TEU）							备注（名次）			
		2015	增长率（%）	2014	增长率（%）	2013	增长率（%）	2010	2015	2014	2013	2010
1	上海	3653.70	3.55	3528.5	4.96	3361.7	3.3	2907	1	1	1	1
2	新加坡	3092.23	-8.70	3386.9	3.89	3260.0	2.9	2843	2	2	2	2
3	深圳	2421.00	0.72	2403.7	3.26	2327.8	1.5	2251	3	4	3	4
4	宁波·舟山	2062.90	10.32	1870.0	7.92	1732.7	7.1	1314	4	5	6	6
5	香港	2011.40	-12.69	2303.7	3.36	2228.8	-3.6	2370	5	4	4	3
6	釜山	1943.90	4.22	1865.2	5.68	1765.0	3.7	1419	6	6	5	5
7	青岛	1743.56	5.16	1658.0	6.83	1552.0	7.0	1201	7	7	7	8
8	广州	1739.66	8.73	1600.0	4.51	1530.9	3.8	1255	8	8	8	7
9	迪拜	1559.00	2.23	1525.0	11.89	1363.0	2.7	1160	9	9	9	9
10	天津	1411.13	0.80	1400.0	7.69	1300.0	5.7	1008	10	10	10	10

资料来源：www. lloydslist. com.

第三节 青岛港腹地开发战略

一 青岛港腹地开发现状

青岛老港交通拥堵严重、港口基础设施落后，这造成了港口经营效率的低下。特别是随着国际海运船舶的大型化发展趋势，货主在节约时间和降低成本等物流服务质量方面的要求越来越高，青岛港为了适应这些变化，新开发了青岛经济技术开发区（或者黄岛区）所在的前湾港。青岛前湾港主要经营集装箱运输业务，随着青岛前湾港码头建设的推进，港口腹地开发也在同时进行。图 3 - 11 和表 3 - 21 具体展示了截至目前青岛港主要的临港产业园区和物流园的开发现状。

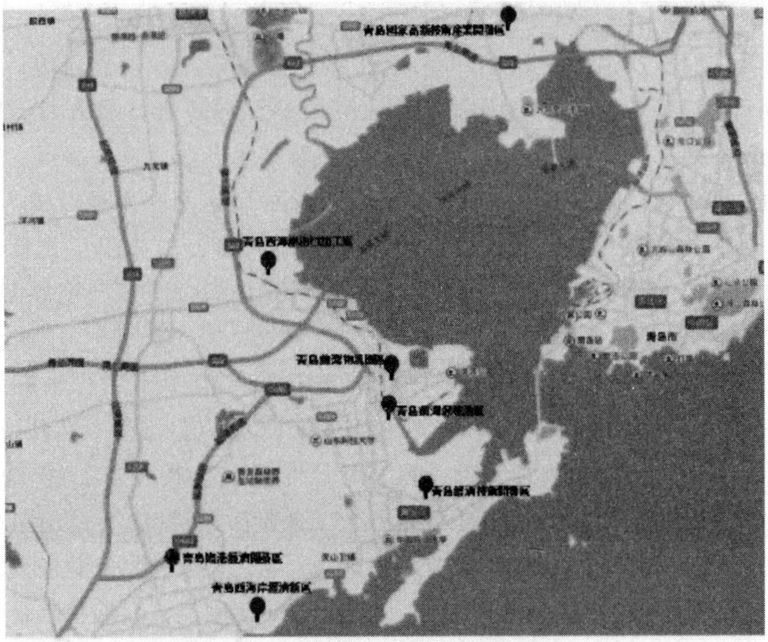

图 3－11　青岛港腹地物流园区及工业园区的分布图

表 3－21　**青岛港腹地开发一览表**

区分	规划时间	规划面积（km^2）	备注
青岛经济技术开发区	1984.10	20.02	—
青岛国家高新技术产业开发区	1992.05	75.95	—
青岛临港经济开发区	2003.04	56.11	—
青岛西海岸出口加工区	2006.05	2	—
青岛前湾保税港区	2008.09	9.72	青岛保税区（1992 年成立），青岛保税物流园区（2004 年成立），青岛前湾保税港区是青岛前湾港和青岛保税区、青岛保税物流园区三大区域合并后的统称
青岛西海岸经济新区	2011.11	陆地：2096 海域：5000	—

资料来源：中国青岛商务局。

（一）青岛经济技术开发区

青岛经济技术开发区于1984年10月经国务院批准设立，1985年3月动工兴建，是首批14个国家级开发区之一。1989年5月6日，国家科委批准同意青岛市在青岛开发区内建立新技术产业开发试验区。1992年11月19日，国务院正式批准设立青岛保税区，规划用地面积为2.5平方千米，位置在黄岛区境内。2006年5月8日，国务院正式批准在青岛经济技术开发区内设立国家级青岛西海岸出口加工区，规划面积2平方千米。

2012年，原青岛市黄岛区与胶南市合并，青岛经济技术开发区（以下简称“青岛开发区”）不再与黄岛区使用一套机构、两块牌子，而是在相关政策框架内相对独立运行，自主发展。2013年，青岛开发区区域范围在原有基础上，划入王台镇（含黄山经济区）、灵山卫街道（含积米崖港区），以及隐珠街道部分区域。经过30年的开发建设，开发区从一个小渔村逐步发展成全市乃至全省开放型经济发展程度最高的现代化城区之一，综合发展水平评价连续9年居全国国家级开发区前五列。

青岛经济技术开发区投资环境综合评价总指数继续保持国家级开发区第五位。青岛经济技术开发区始终把招商引资和项目建设作为经济工作的重中之重，按照“集群化布局、专业化招商、职能化服务”的工作思路，着力引进高、精、尖项目，开放型经济呈现出新局面。截至目前，已有55个国家和地区的客商来区投资，实际利用外资约74.8亿美元。引进投资过千万美元项目411个，投资过亿美元大项目17个，世界500强投资项目54个。对内开放步伐不断加快，海尔、海信、中船重工、中石化、中海油、中石油等一批国内知名企业纷纷入区。2008年，外管局到账外资5.05亿美元；利用内资到位资金73.1亿元人民币。坚持以科学发展观统领经济社会发展全局，注重速度、质量和效益的有机统一，国民经济保持又好又快发展的良好态势，主要经济指标连续十余年持续快速增长。2009年，青岛开发区实现GDP814.2亿元人民币，地区生产总值、工业总产值、工业增加值、财政收入等指标的增速均位居第一。

按照“大港口、大工业、特色旅游”三大特色经济的布局，主导产业的主体框架基本形成。按照“龙头项目—产业链—产业集群—制造业基地”的发展思路，重点建设的港口、家电电子、石化、汽车、造修船、海洋工程“六大产业集群”的龙头项目全部开工建设，集群产值总量占规模工业总产值的78%。港口产业围绕建设东北亚国际航运中心、物流中心布局，全面推进前湾港开发建设，北港区10个10万吨深水泊位全部建成，总投资超过160亿元人民币的南港区13个深水集装箱泊位开发全面启动，2008年，货物吞吐量突破3亿吨，集装箱吞吐量突破1000万标箱。在家电电子产业方面，形成了以海尔、海信、新都理光、瑞智精密机电等大项目为龙头，中小型配套企业集聚发展的产业格局，是国家（青岛）家用电子产品产业园和中国北方最大的家电生产基地。在石化产业方面，1000万吨大炼油、总投资6亿美元的丽东化工等龙头项目建成投产，2010年石化产业产值达到1000亿元人民币，成为全国重要的环保型石化基地。在造修船产业方面，总投资74亿元人民币的海西湾造修船基地修船坞建成投入使用，50万吨级造船坞启用，大型船用曲轴、船用柴油机等核心配套项目建成或开工，将形成年造船468万吨、修船220余艘的生产能力，年销售收入达500亿元人民币。在海洋工程产业方面，总投资40多亿元人民币的中海油海洋石油工程项目一期二期建成投产、三期开工建设，总投资2亿美元的武船麦克德莫特、总投资23亿元人民币的中石油等海洋工程项目开工建设，海西湾将成为世界重要的海洋石油工程制造基地。在汽车产业方面，上汽通用五菱具备年产30万辆整车和35万台发动机的生产能力，一批工程机械和汽车零部件项目已形成批量生产规模。特色旅游、现代物流、金融保险、总部经济等现代服务业加快发展。围绕建设国内一流的海滨旅游度假胜地，凤凰岛旅游度假区开发深入推进，金沙滩景区荣膺国家4A级景区。2008年接待国内外游客436万人次，旅游总收入23.3亿元人民币。大力发展高科技产业，深入实施“双十高”工程，全区已引进建设省部级以上重点实验室、工程技术研发中心、企业技术中心和孵化器38家；2008年高新技术产业产值达1100亿元人民币，占规模以上工业总产值的64%。大力实施“名牌兴业、质量兴区”战略，名牌产品总量居全国同级行政区前列。循环经济取得新进展，2008年万元人民币生产总值能耗按可比口径下降9.6%、水耗下降11.6%。

以“中国制造2025”为方向，加快构建以海洋经济为特色的现代产业体系，坚持工业化与信息化“两化融合”，港口、家电电子、汽车、石化、造修船、海洋工程等优势产业集群加快转型升级，重点配套和核心技术项目达200余家，产值占规模产值的85%以上。成功创建家电电子、船舶和海洋工程、软件和信息服务三个国家新型工业化产业示范基地以及国际级船舶出口基地、汽车整车进口口岸。[①]

坚持优势产业转型升级与新兴产业培育壮大“双措并举”，重点突破智慧产业、大力发展航运物流产业，积极培育生命健康产业；以“互联网”为特色，加快发展跨境电商、互联网金融等新业态。现代服务业增加值占生产总值的比重达36%。全省第一家跨境电商海关监管园区——青岛跨境电子商务产业园启动运营，唯品会、跨境优品等15家电商企业实现首批入驻。区域内的前湾港是青岛港的主港区，拥有11个全国最大水深的集装箱专用泊位。2014年，青岛港共完成货物吞吐量4.77亿吨，集装箱吞吐量1658万标准集装箱，是世界第七大港，中国第三大外贸口岸。

（二）青岛国家高新技术产业开发区

1992年11月，国务院批准成立青岛高新技术产业开发区（以下简称“青岛高新区”），规划面积9.8平方公里。2006年6月，国务院批准在胶州湾北部扩大高新区面积9.95平方公里。青岛高新区由胶州湾北部园区（含新产业园地、新材料园地）、青岛高科技工业园、青岛新技术产业开发试验区、青岛科技街，以及市南软件园构成，形成了一区多园的发展格局。

青岛高新区认真践行科学发展观，深入实施“环湾保护、拥湾发展”战略，充分发挥高新区的承载和引领功能，强化基础设施建设，加快引资引智步伐，增强自主创新和技术孵化能力，取得了显著成效。2009年，青岛高新区管委被国家人力资源社会保障部、科技部授予“全国科技管理系统先进集体”荣誉称号；在科技部火炬中心公布的全国55家国家级高新区（含苏州工业园区）排名中，青岛高新区综合排名和知识创造与孕育创新能力都名列第十位；青岛高新区被确定为

---

① 青岛政务网（http：//www. qingdao. gov. cn/n172/）。

“国家高新技术产业标准化示范区”试点建设园区；青岛高新区全面启动了“国家创新型科技园区”创建工作；新产业园地被确定为“创建国家生态工业示范园区”“全国首家数字化园区建设试点单位”；新材料园地被认定为“国家火炬计划新材料产业基地”；高科技园被认定为“国家生物产业基地”“国家通信产业园”“国家知识产权试点园区”；科技街被认定为国家动漫产业基地；市南软件园被认定为“国家火炬计划软件产业基地”。

2013 年，科技部公布全国 88 个高新区最新评价结果，青岛高新区综合排名第十名，其中园区可持续发展能力在全国高新区中排名第八，园区国际化和参与全球竞争能力排名第十。

2015 年 2 月，青岛市政府对青岛高新区范围进行了调整，将蓝色硅谷核心区、海洋科技创新及成果孵化带和青岛（胶南）新技术产业开发试验区纳入青岛高新区范围。调整后，青岛高新区总开发面积达 327.756 平方公里。

（三）青岛临港经济开发区

青岛临港经济开发区设立于 2003 年 4 月，2006 年 8 月经省政府批准为省级开发区，2008 年 12 月正式组建管委会。园区总面积为 56.11 平方公里，辖 30 个村，总人口 2.4 万人。“同三”高速公路、204 国道和疏港高速公路贯通整个园区，东北接环胶州湾高速公路，东南靠环青岛滨海交通大道，连接青岛经济技术开发区，总长 11.8 公里的东西快速通道贯穿园区中部，东距青岛前湾港 20 公里，北距正在修建的济青南线高速、胶济铁路分别为 5 公里、30 公里，距青岛流亭国际机场 40 公里，经青岛跨海大桥和青岛海底隧道去青岛市区仅 30 分钟车程，位置优越，交通十分便利。

园区共完成基础设施概算投资 15 亿元，高标准建设了道路、热力、燃气、供电、通信、供排水、有线电视等基础设施，新建三炉两机热电企业一家，燃气站一个，220 千伏变电站及 110 千伏变电站各一个。在开发建设的 21.89 平方公里范围内，基础配套设施基本到位，构筑起以临港路、长春北路、北环路、北一路、北二路、北三路和珠山东路、上海路、青岛路、北京路、东四路、海西路为主体的“六横六纵”快捷交通路网，建成道路 25 条，长 53.1 公里，修造桥涵 27 座，铺设雨污

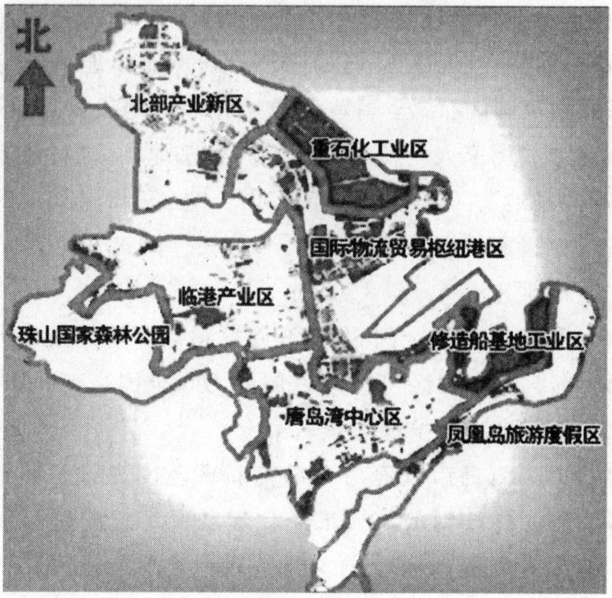

图 3-12　青岛临港区规划图

管线 208.4 公里，安装路沿石 9.95 万米，路灯 718 盏；铺设自来水管线 4 万米，燃气管道 6.3 万米，热力管线 2.4 万米。

截至目前，全区已建成经济实体 273 家，总投资 167 亿元人民币。其中，入驻园区企业 134 家，投资额 163 亿元人民币；有村属企业 139 家，投资额 7 亿元人民币；规模以上企业 157 家，投资额 166 亿元人民币；内资企业 224 家，投资额 102 亿元人民币；外资企业 49 家，总投资 9.2 亿美元，其中，过千万美元的大项目 33 个，世界 500 强企业投资项目 2 个。已引进包括总投资 15 亿元人民币，生产洗衣机、空调、彩电、微波炉的海尔胶南工业园项目；总投资 7399 万美元的青岛东元精密机电有限公司项目；年生产能力 30 万吨，总投资 12 亿元人民币的中国铝业集团再生铝项目；世界 500 强德国帝森克虏伯德枫丹机械制造项目；国家科技部立项，经国家发改委列为微生态产业化基地的青岛东海药业有限公司项目等一批大项目。

在产业布局上，形成了以海尔工业园、东元机电项目为核心的家电电子及配套产业区；以中铝再生铝、米达斯不锈钢项目为核心的有色金属产业区；以汽车配件产业园、五顺汽车模具部件、佳誉汽车铸铝项目为重点的汽车及零部件产业区；以德枫丹机械、青岛胜代机械、红旗纺织机械项目为重点的装备机械制造产业区；以海克斯康聚合材料、拉森特博洛橡胶机械、泰发巨型轮胎项目为重点的橡胶轮胎产业区；以东海药业项目为重点的生物制药产业区。已初步形成家电电子、有色金属、汽车及零部件、装备机械制造、橡胶轮胎、生物医药等产业集群，成为山东半岛制造业基地的重要组成部分。①

（四）青岛西海岸出口加工区

青岛西海岸出口加工区位于太平洋西岸、中国环渤海经济圈经济发展最具活力的青岛胶州湾西岸、青岛经济技术开发区内，紧邻中国第三大集装箱港口青岛前湾港区，距青岛国际机场 40 公里，黄岛火车站 10 公里，胶州湾高速公路入口 1.5 公里，同三高速公路入口 5 公里，青红高速公路及跨海大桥入口 2 公里。周边聚集了国家级经济技术开发区、国家级保税区及保税物流园区、国家级新技术开发试验区、国家家用电子产品产业区及凤凰岛省级旅游度假区。

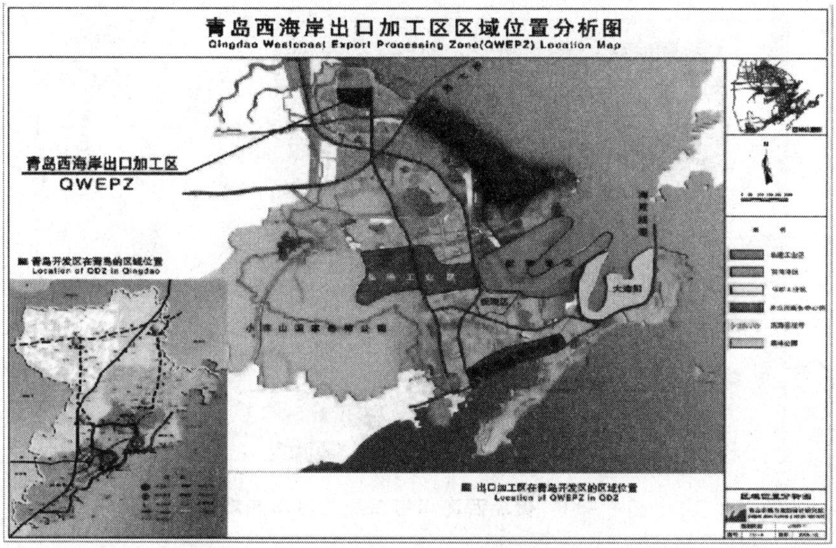

图 3－13　青岛西海岸出口加工区位置图

① 青岛临港经济开发区详情，新黄岛网，2012－12－28。

青岛西海岸出口加工区坐落于中国经济发展最具活力的青岛胶州湾西岸、青岛经济技术开发区内。于2006年5月8日经国务院批准设立，规划面积2平方公里，同时规划控制区2.45平方公里，2006年10月开工建设，基础设施已实现了“七通一平”。2007年7月18日，通过国家九部委联合验收，成为全国第60个出口加工区及第49个通过国家验收的出口加工区。出口加工区实行“境内关外、进口免税、进料保税、入区退税”政策，于2007年9月底正式封闭监管、开关运作。

青岛西海岸出口加工区内土地全部为建设用地。目前，出口加工区内可用土地共2670亩，已入区的十个项目占地约700亩，现可出让土地为1970亩。

加工区产业规划：电子信息产业、精密机械产业、航空设备制造、新型能源产业、高科技、高附加值的全额出口型产业、生物工程产业、保税物流产业。

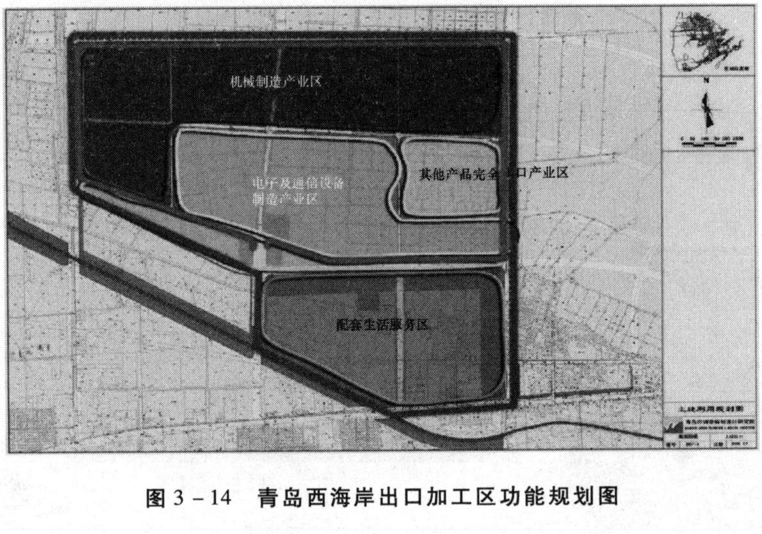

图3－14　青岛西海岸出口加工区功能规划图

公路网络四通八达：同三高速（同江—三亚）、青兰高速（青岛—兰州）、青银高速（青岛—银川）、济青高速（济南—青岛）、胶州湾高速（青岛—开发区）。

强大的铁路运输能力：胶黄铁路 43 公里，连接胶济铁路及全国铁路网。拥有 26 对固定列车，年运输能力 3000 万吨。

区域航空枢纽——青岛国际机场：拥有 17 条国际客运航线，84 条国内航线。每周航班 1700 余班，机场旅客年吞吐量 700 多万人次。

区内外道路：出口加工区内已建成道路：红石崖十号线（昆仑山路—珠宋路）、红石崖十一号线中段（巡逻道—红石崖六号路）；外围已建成道路：珠宋路北段路基（国防路以北）、昆仑山路北段路基（红石崖十四号线以北）、黄张路、红石崖六号路临时路、红石崖十一号线南段（黄张路—巡逻道）。

（五）青岛前湾保税港区

中国第八个保税港区——青岛前湾保税港区 2008 年 9 月 7 日由国务院正式下发《关于同意设立青岛前湾保税港区的批复》而获得批复建设。此前，中国已有上海洋山、天津东疆、大连大窑湾、海南洋浦、宁波梅山、广西钦州、厦门海沧七个保税港区获批建设。

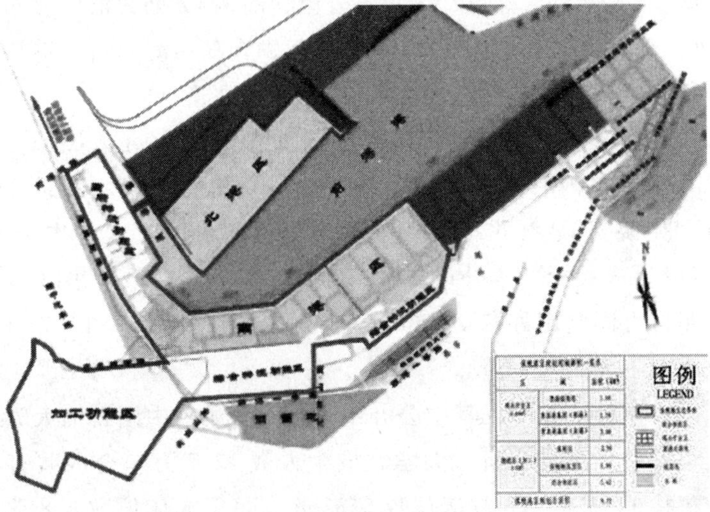

图 3－15　青岛前湾保税港区规划示意图

青岛前湾保税港区设立于胶州湾西岸，规划面积 9.72 平方公里，包括 4.8 平方公里码头作业区和 4.92 公里物流仓储加工区、港口配套服务区等功能区。是全国唯一一家按照“功能整合、政策叠加”的要求，以保税区、保税物流园区以及临近港口整合转型升级形成的保税港区。先期对运营模式、土地利用、规划布局、非保税业务开展了大量的基础性研究论证工作，初步形成了“一次规划、分期封关、整体推进”工作方案，争取第一时间实现封关运营，并尽快释放保税港区辐射带动效应，推动区域经济又好又快的发展。

青岛保税港区主要分为码头作业、综合物流、国际物流、出口加工四大功能区。特别是国际中转业务中货物进入青岛港可以依据目的地进行再次拆箱、拼箱装进国际船舶进行中转运输。这样的中转功能对青岛港吸引中转货物十分有利，青岛保税港区的成立为青岛港未来发展成东北亚集装箱中转枢纽港提供了便利条件。

（六）青岛西海岸经济新区

青岛西海岸经济新区位于胶州湾西岸，包括青岛市黄岛区全部行政区域，其中陆域面积约 2096 平方公里，海域面积约 5000 平方公里，具备推进陆海统筹、城乡一体、军民融合发展的独特条件。青岛西海岸新区海岸线长 282 公里，滩涂 83 平方公里，岛屿 42 处，沿岸分布自然港湾 23 处。森林覆盖率达 45.9%。2013 年，青岛西海岸新区港口货物吞吐量 4.5 亿吨，集装箱吞吐量完成 1552 万标准箱。

2013 年，青岛西海岸新区地区生产总值 2124 亿元人民币，占青岛市的 25.5%。区内有 120 余所市级以上科研机构，人才总量 33.78 万人，有“两院”院士 6 人、中央“千人计划”11 人。本外币存款 1202.87 亿元人民币，本外币贷款 1040.04 亿元人民币。2013 年，青岛西海岸新区合同利用外资 24.80 亿美元，实际利用外资 14.71 亿美元；外贸进出口 133.55 亿美元。

区内有学校 676 所，其中公办中小学 139 所，中国石油大学、山东科技大学等驻区高校 9 所，大学在校生人数 12.7 万。全区共有各类医疗卫生机构 1183 家，开放床位数 5533 张，每千人床位数 4.8 张。2014 年 1—4 月，接待游客 462 万人次，旅游业总收入 36.5 亿元。2013 年，青岛西海岸新区海洋经济增加值 475 亿元，占青岛市海洋经济增加值的 34.5%。

西海岸新区处于京津冀和长三角两大都市圈之间，环渤海经济圈的南缘，山东半岛蓝色经济区的核心地带，是黄河流域主要出海通道和亚欧大陆桥东部重要端点，与韩国隔海相望。青岛西海岸新区区位条件、科技人才、海洋资源、产业基础、政策环境等综合优势明显，具备推进陆海统筹、城乡一体、军民融合发展的独特条件。

2014 年 6 月 3 日，国务院公开发布《国务院关于同意设立青岛西海岸新区的批复》。新区定位是：海洋科技自主创新领航区、深远海开发战略保障基地、军民融合创新示范区、海洋经济国际合作先导区、陆海统筹发展试验区、亚欧大陆桥东部重要端点。

新区发展愿景是：实施海洋战略、率先蓝色跨越、建设美丽新区。国务院批复明确指出，海洋战略是我们的历史使命。“蓝色跨越”就是发展海洋经济，国务院批复明确强调要以海洋经济为主题，青岛市第十一次党代会提出“实现蓝色跨越”，建设领航区、试验区、示范区、先导区都是体现了一个率先，所以叫“率先蓝色跨越”。“建设美丽新区”是我们的目标。这三句话，第一个是使命，第二句话是主题，第三句话是目标，构成了新区的发展愿景。

新区发展目标是：到 2020 年，新区将构建起海洋科技创新引领海洋经济可持续发展的格局，形成先进制造业发达、现代服务业繁荣的现代海洋产业体系，加快建设环境优美、功能完善、宜居幸福的现代化国际新城区，生产总值力争达到 6000 亿元，海洋科技对海洋经济的贡献率达到 70% 以上，海洋生产总值年均增长 18% 左右，人口规模 280 万，城镇化率稳步提高，推动青岛成为蓝色经济领军城市。

二　青岛港交通运输部署战略

（一）胶州湾海底隧道

胶州湾海底隧道，又称“青岛胶州湾隧道”。隧道全长 7800 米，分为路上和海底两部分，海底部分长 3950 米。该隧道位于胶州湾湾口，连接青岛和黄岛两地，双向 6 车道。2011 年 6 月 30 日正式开通运营。

胶州湾海底隧道南接青岛市黄岛区的薛家岛街道办事处，北连青岛市主城区的团岛，下穿胶州湾湾口海域。胶州湾隧道处于火山岩及次火山群地带，覆盖层较薄，断裂带密集，共穿越 18 条断层破碎带，断面最大跨度达 28.20 米，最深处位于海平面以下 82.81 米。

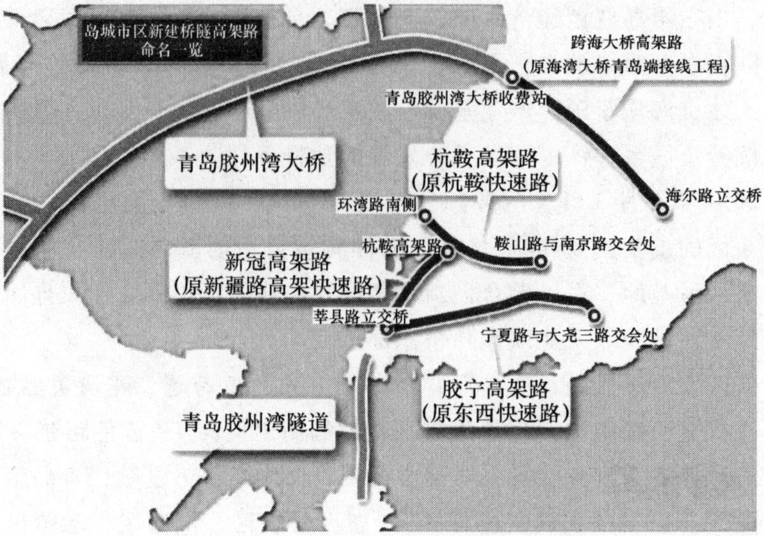

图 3－16　胶州湾跨海大桥

（二）胶州湾跨海大桥

青岛海湾大桥又称胶州湾跨海大桥，是中国自行设计、施工、建造的特大跨海大桥。它是国家高速公路网 G22 青兰高速公路的起点段，是山东省“五纵四横一环”公路网上框架的组成部分，是青岛市规划的胶州湾东西两岸跨海通道“一路、一桥、一隧”中的“一

图 3－17　胶州湾跨海大桥

桥”。大桥起自青岛主城区海尔路，经红岛到黄岛，大桥全长 36.48 公里，投资额近 100 亿元，历时 4 年完工。全长超过杭州湾跨海大桥和美国切萨皮克跨海大桥，2011 年胶州湾跨海大桥成为世界上最长的跨海大桥，也是世界第二长桥。大桥于 2011 年 6 月 30 日全线通车。2011 年上榜吉尼斯世界纪录和美国《福布斯》杂志，荣膺“全球最棒桥梁”荣誉称号。

（三）青连铁路

青连铁路正线北起青岛北客站，沿环胶州湾高速、同三高速公路、204 国道方向，沿途经过青岛市城阳区、胶州市、黄岛区（前湾港区、董家口港区），日照市和连云港市的赣榆县，终点为连盐铁路设计起点石桥站，横跨两省三市。青连铁路营海南段将与胶济客运专线相连，日照段将与兖石铁路相连，南端连接连盐铁路，联通黄海北部沿海三条横贯铁路干线胶济、兖石、陇海铁路。

图 3－18　青连铁路规划图

铁路正线全长192.9公里，总投资约238亿元，建设标准为国铁Ⅰ级，双线电气化，设计速度为每小时200公里，客货并重，兼顾疏港、城际的铁路运输功能，可开行动车组列车，于2014年开工建设，工期3年，2017年底建成。

（四）青岛港——前湾港

青岛港是中国沿黄流域和环太平洋西海岸重要的国际贸易口岸和海上运输枢纽，自然条件优越，港深水阔，终年不淤不冻，是世界上著名的天然良港，拥有70多个泊位，30万吨的超级巨轮可全天候靠离，港口吞吐量可达到1.6亿吨/年。青岛港已与世界上130多个国家和地区的450多个港口有贸易往来，是青岛市“以港兴市、建设北方国际航运中心”发展战略的重要组成部分。

（五）青岛港——董家口港

青岛市董家口港区位于青岛市南翼的胶南市（今黄岛区）辖区琅琊台湾，靠近青岛市与日照市分界线，行政区划于泊里镇。董家口港区近海自然水深平均15米，距岸1000米水深可达20米，是不可多得的天然优良深水港，港区规划面积70平方公里，临港产业区规划面积65平方公里，码头岸线长约35.7公里，泊位数112个，建成后总吞吐能力将达到3.7亿吨。

（六）R3轻轨

轻轨R3线全长63.4公里，起于开发区嘉陵江路站，经灵山卫、朝阳山CBD、黄岛市区、古镇口服务保障区、港城CBD，终点董家口港城站。线路主要沿江山路、泰山路、上海路、上海西二路、滨海大道、港城规划贡北路及泊里中路铺设。设车站21座，其中地下10座，高架11座，平均站间距3.2公里；设计最高行车速度120公里/时。

（七）青岛地铁

M1线：峨眉山路—东郭庄。线路起自黄岛峨眉山路，沿长江中路、长江东路、滨海大道、跨海向北进入青岛主城区，进入主城区后沿费县路向东左转穿过青岛火车站广场，沿即墨路北侧、胶州路、和兴路、人民路、四流南路、胶济铁路东侧、沧安路、兴华路、重庆路、凤岗路、中城路、209省道至东郭庄。

图 3－19　青连铁路规划图

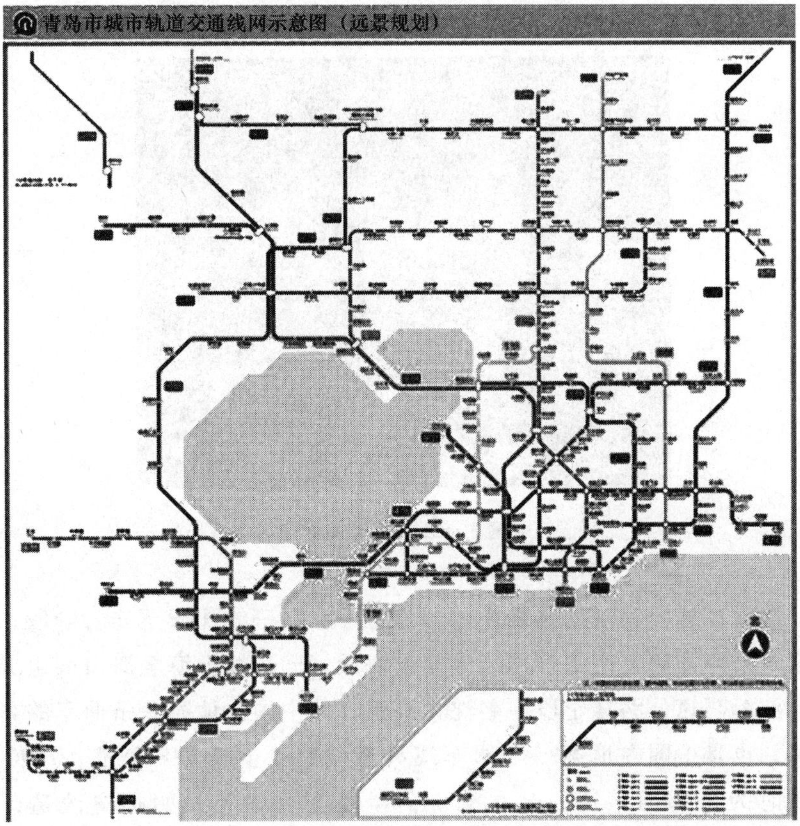

图 3－20　青岛地铁规划图

M2 线：柳花泊—百果山。线路横贯黄岛区东西，经黄岛汽车北站、薛家岛、青岛火车站、台东、市政府、啤酒城、李村，到达李沧东部。

M6 线：井冈山路—王台：是贯穿黄岛区的 L 型线路。自太行山路站起沿团结路向北，经辛安站、红石崖站，到达王台镇站。

（八）沈海高速

沈阳—海口国家高速公路，简称“沈海高速”，编号为 G15，起点在沈阳，途经辽阳、鞍山、大连、烟台、青岛、日照、连云港、盐城、南通、上海、宁波、台州、温州、宁德、福州、莆田、泉州、厦门、漳州、潮州、汕头、揭阳、汕尾、惠州、深圳、东莞、广州、佛山、江门、阳江、茂名、湛江、海口，终点在海口，全长 3710 公里。除渤海湾海底隧道，琼州海峡海底隧道尚未开工建设外，沈海高速公路于 2010 年 12 月 28 日全线通车。

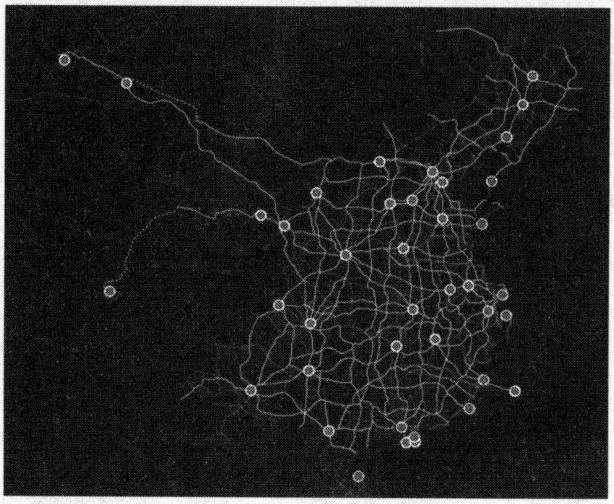

图 3-21　沈海高速

沈海高速公路规划路线由原国道主干线同三线沈阳至连云港段，国家重点公路嘉荫至南平线连云港至上海段，同三线上海至海口段组成。

沈海高速公路辽宁段原名沈大高速，是中国内地第一条通车的高速公路，也是中国内地第一个八车道高速公路，全长 348 公里，1990 年完工时为全部四车道，全立交，全互通。2002 年开始拓宽改造，于 2004 年改造完毕，为八车道高速公路，设计时速 120 公里。

图 3－22　沈海高速山东段

沈海高速山东段：烟台（芝罘区、福山区、栖霞市、莱阳市）—青岛（莱西市、平度市、胶州市、黄岛区）—日照（东港区、岚山区）。

（九）青兰高速

青岛兰州高速公路简称青兰高速（代号：G22），是连接青岛市和兰州市的高速公路，全长 1795 公里，双向 4/6/8 车道，沿线经过青岛—莱芜—泰安—聊城—邯郸—长治—临汾—富县—庆阳—平凉—定西—兰州等城市 。

青兰高速是国家重点工程。规划路线由原国家重点公路青岛至红其拉甫线青岛—兰州段组成。其中定西至兰州段与 G30 连霍高速重线；隆德与泾川段与福银高速公路共线。

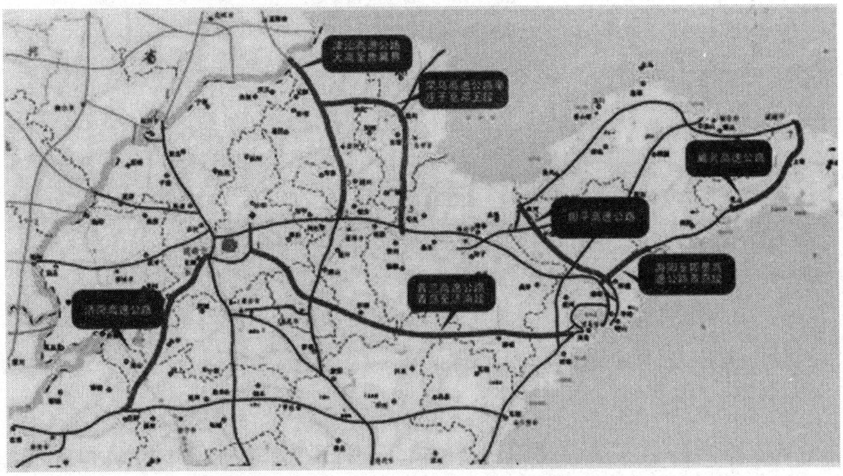

图 3－23　沈海高速山东段

青兰高速公路计划2019年底全线通车。青兰高速青岛至莱芜段（济青南线）2007年12月22日建成通车。全长307.8公里，途经黄岛、胶南、胶州、诸城、沂水、沂源、莱芜钢城区、莱芜高新区等。共有特大桥4座，大桥77座，互通立交桥15座。该线路还是山东省隧道最多的高速公路，仅穿山隧道就有21条，其中最长的超过4公里。

三　青岛西海岸新区的规划战略

青岛西海岸新区以海洋经济发展为主题，服务于青岛建设区域性经济中心和国际化城市的发展定位，把建设青岛西海岸新区作为全面实施海洋战略、发展海洋经济的重要举措，为促进东部沿海地区经济率先转型发展、建设海洋强国发挥积极作用。努力发展成为海洋科技自主创新领航区、深远海开发战略保障基地、军民融合创新示范区、海洋经济国际合作先导区、陆海统筹发展试验区，为探索全国海洋经济科学发展新路径发挥示范作用。

图3－24　青岛西海岸经济新区战略分布图

资料来源：青岛西海岸新区政府网（http：//www. xihaian. gov. cn）。

青岛海洋科技实力雄厚，拥有985工程院校中国海洋大学和青岛海洋科学与技术国家实验室，以及20多个国家级科研院所，海洋科技人才数量占全国的50%。舟山群岛新区注重岛屿开发和陆海统筹，而青岛西海岸新区则强调海洋经济对陆域经济的带动。青岛西海岸新区尝试从近海经济向远洋经济发展，通过延长产业链条，带动更多与海洋相关的产业发展。

新区规划范围为青岛市黄岛区全域，陆域面积2096平方公里，海域面积约5000平方公里，总人口162万，海洋资源丰富，生态环境优良，发展空间广阔，交通条件便捷，是山东半岛国家级园区数量最多、功能最全和政策最集中的区域，培育形成了港口、石油化工、家电电子、船舶与海洋工程、汽车及零部件、机械等优势产业集群，综合经济实力和区域发展竞争力强劲。2012年，实现地区生产总值2091亿元人民币，地方财政一般预算收入128.4亿元人民币，规模以上工业产值4902亿元人民币，实际到账外资12.7亿美元，实现外贸进出口总额133.1亿美元。

表3-22　　青岛西海岸经济新区规划内容一览表

区分	内容	规划面积（km^2）	主要功能
一核心	中央商务	30	商务、高新技术、旅游、会展等主导产业
两港区	前湾港		国际集装箱中转枢纽港
	董家口港		国家能源物资储存、大宗商品交易中心
五区	前湾保税港区	64.74	汽车进口保税业务、自由贸易试验区
	青岛经济技术开发区	478	以发展海洋经济为中心的韩国、日本、德国产业园区
	新区中心区	501	海洋休闲产业
	董家口经济区	284	海洋装备制造产业基地、水产品交易中心、冷链物流基地
	现代农业示范区	833	生态农业
一带	离岸综合开发示范区		海洋经济开发产业

为加快推进青岛西海岸新区开发建设，青岛市委、市政府成立由市委、市政府主要领导担任组长的青岛西海岸新区推进协调领导小组，统筹领导协调新区规划布局、开发建设，研究解决新区战略发展的重大问题。成立中共青岛市委青岛西海岸新区工作委员会、青岛西海岸新区管理委员会，为市委、市政府派出机构，承担领导小组日常工作，享有市级经济管

理权限，协调管理保税港区、青岛经济技术开发区等经济功能区。

新区担负着建设海洋强国和改革开放的双重使命，深入推进“经济转型、社会转型、体制转型”，努力在西海岸实现“三个再造”，即再造一个升级版的青岛港、再造一个升级版的青岛经济总量、再造一个升级版的青岛新城区，建设创新开放、幸福国家级新区，打造山东半岛蓝色经济区的战略支点和全国海洋经济发展的示范平台。

综上所述，临港产业园区和物流园区的设立、港口腹地的大力开拓以及全方位交通运输体系的部署，大大提高了港口物流整体的运营效率，特别是物流园区和保税港区的构建，在增加港口吞吐量和创造附加价值方面发挥了巨大作用。

青岛市在2013年成为中国第三大外贸口岸。青岛港为青岛市经济贸易的快速发展做出了巨大贡献，2000—2014年，青岛市年平均进出口总额增长率为14.9%，保持了非常高的增长速度。青岛市以青岛港为依托通过对临港经济腹地的大力开发，不仅强化了港口的物流功能，而且在增加港口吞吐量和创造物流附加值等方面做出了巨大的贡献。

第四节　青岛港腹地经济贸易特征

一　港口城市青岛市的经济贸易现状

青岛市是青岛港的所在城市，以2013年为基准，青岛是中国第三大外贸口岸。青岛市以青岛港为依托，大力发展外向型经济。同时，青岛市经济贸易的快速发展也为青岛港吞吐量的增加发挥了积极的作用。2000—2014年，青岛市年平均进出口总额增长率为14.9%，保持了非常高的增长速度。

表3-23　**青岛口岸货物进出口总值占中国的比重**

年度	青岛口岸货物进出口总值(A)（亿美元）	中国货物进出口总值(B)（亿美元）	比重（A/B）(%)
2000	252.0	4742.9	5.31
2001	279.7	5096.5	5.49
2002	312.8	6207.7	5.04

续表

年度	青岛口岸货物进出口总值（A）（亿美元）	中国货物进出口总值（B）（亿美元）	比重（A/B）（%）
2003	408.8	8509.9	4.80
2004	567.8	11545.5	4.92
2005	693.3	14219.1	4.88
2006	801.9	17604.4	4.56
2007	925.7	21765.7	4.25
2008	1155.8	25632.6	4.51
2009	905.0	22075.4	4.10
2010	1191.3	29734.0	4.01
2011	1509.5	36418.6	4.14
2012	1489.2	38671.2	3.85
2013	1567.3	41589.9	3.77
2014	1561.3	43015.3	3.63
2015	1444.8	39586.4	3.65

资料来源：据青岛市统计局年度资料整理。

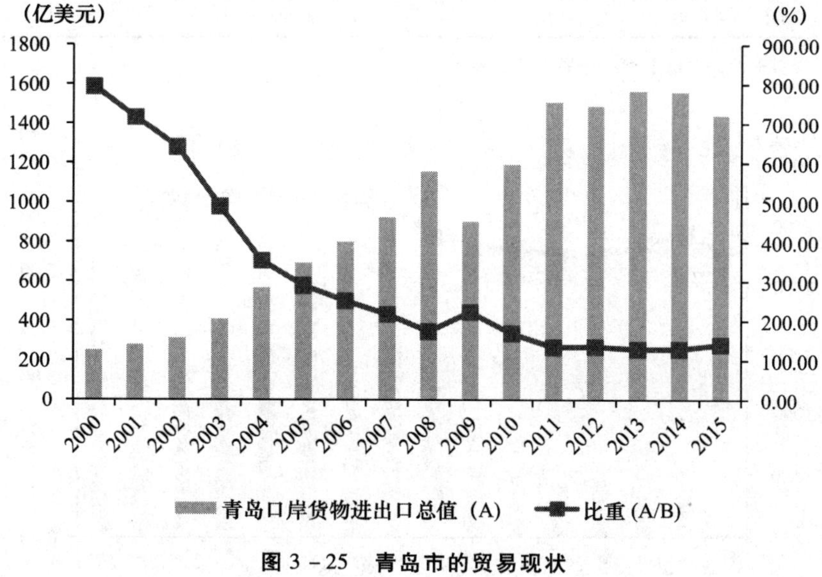

图3－25　青岛市的贸易现状

二　直接经济腹地山东省的经济贸易现状

山东省是青岛港的直接经济腹地，山东省经济贸易的活跃程度影响

表 3 - 24　　山东省货物进出口总值占中国的比重

年度	山东省货物进出口总值（A）（亿美元）	中国货物进出口总值（B）（亿美元）	比重（A/B）（%）
2000	249. 9	4742. 9	5. 27
2001	289. 6	5096. 5	5. 68
2002	339. 4	6207. 7	5. 47
2003	446. 6	8509. 9	5. 25
2004	607. 8	11545. 5	5. 26
2005	768. 9	14219. 1	5. 41
2006	952. 9	17604. 4	5. 41
2007	1226. 2	21765. 7	5. 63
2008	1581. 4	25632. 6	6. 17
2009	1386. 0	22075. 4	6. 28
2010	1889. 5	29734. 0	6. 35
2011	2359. 9	36418. 6	6. 48
2012	2455. 4	38671. 2	6. 35
2013	2671. 6	41589. 9	6. 42
2014	2771. 2	43015. 3	6. 44
2015	2417. 5	39586. 4	6. 11

资料来源：据山东省统计局年度资料整理。

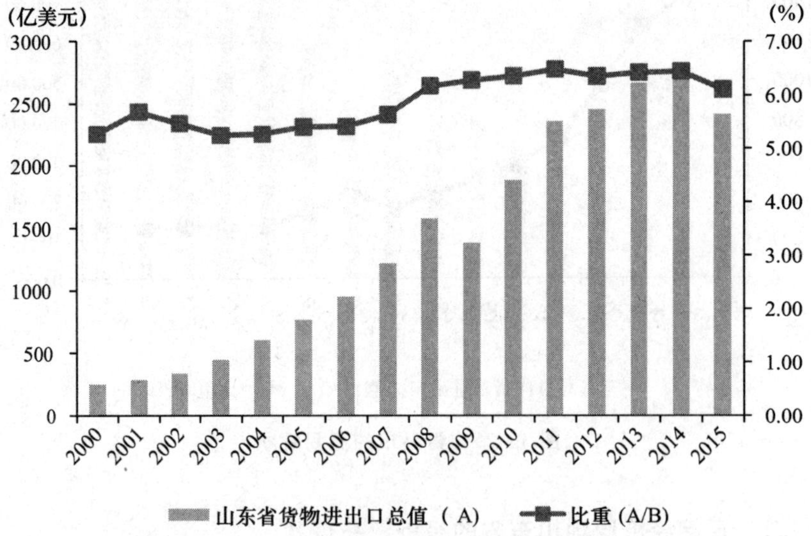

图 3 - 26　山东省货物进出口总值占中国的比重

着青岛港吞吐量的变化。山东省的进出口总额2000—2015年的平均增长率为19.6%，特别是山东省的进出口总额在全国的年平均比重为5.9%，这说明山东省经济贸易规模在全国范围内占据着重要份额。青岛港直接经济腹地山东省外贸经济的稳定增长对保持青岛港货源的稳定增加发挥了支撑作用。

山东省GDP规模大，2000—2015年，平均增长率保持在15.3%左右，在中国总GDP中所占年平均比重为9.87%。青岛港直接经济腹地山东省经济的持续稳定增长为青岛港的持续发展提供了有利的外部经济环境。

表3－25　**山东省GDP占中国的比重**

年度	山东省GDP（A）（亿元人民币）	中国GDP（B）（亿元人民币）	比重（A/B）（%）
2000	8542.4	89404.0	9.55
2001	9438.3	97314.8	9.70
2002	10552.1	102397.9	10.30
2003	12435.9	116898.4	10.64
2004	15021.8	159878.3	9.40
2005	18516.9	182320.6	10.16
2006	22077.4	209406.8	10.54
2007	25965.9	249529.9	10.41
2008	31072.1	300670.0	10.33
2009	33896.7	340507.0	9.95
2010	39169.9	397983.3	9.84
2011	45361.9	471563.7	9.62
2012	50013.2	519322.1	9.63
2013	55230.3	595244.4	9.28
2014	59426.6	643974.0	9.23
2015	63002.3	676708.0	9.31
			平均：9.87

资料来源：据山东省统计局年度资料整理。

另外，从表3－26山东省的经济结构来看，第二产业GDP在2000—2014年的平均年增长率保持在14.9%，占山东省总GDP年平

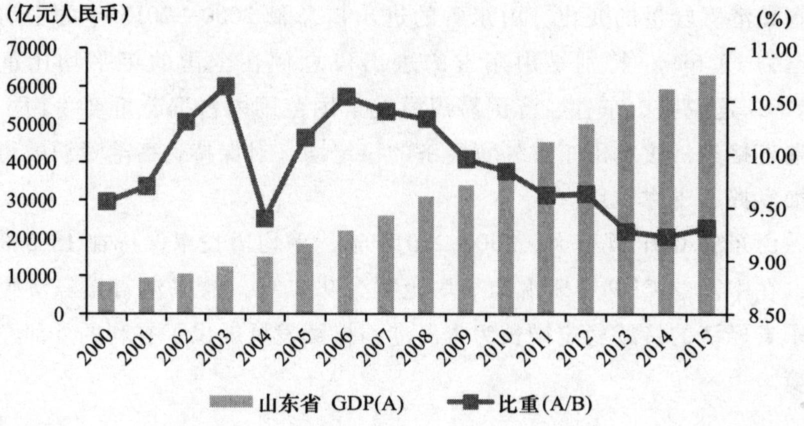

图 3－27 山东省 GDP 占中国的比重

均比重的 53.4%，这个数据说明山东省第二产业占据着重要位置。另外，因为山东地区的工矿业十分发达，对原材料加工类的货物进出口物流需求也就较高。青岛港的货物结构中铁矿石货物所占比重约为 30%，这说明了青岛港物流服务特点契合了腹地经济发展的特征。

表 3－26 山东省第二产业增加值占 GDP 总额的比重

	第二产业 GDP（A）（亿元人民币）	增长率（%）	总 GDP（B）（亿元人民币）	比重（A/B）（%）
2000	4244.4	—	8542.4	49.7
2001	4654.5	9.7	9438.3	49.3
2002	5309.5	14.1	10552.1	50.3
2003	6656.8	25.4	12435.9	53.5
2004	8478.7	27.4	15021.8	56.4
2005	10628.6	25.4	18516.9	57.4
2006	12751.2	20.0	22077.4	57.8
2007	14776.5	15.9	25965.9	56.9
2008	17702.2	19.8	31072.1	57.0
2009	18901.8	6.8	33896.7	55.8
2010	21238.5	12.4	39169.9	54.2
2011	24017.1	13.1	45361.9	53.0

续表

	第二产业 GDP（A）（亿元人民币）	增长率（%）	总 GDP（B）（亿元人民币）	比重（A/B）（%）
2012	25735.7	7.2	50013.2	51.5
2013	27422.5	6.6	54684.3	50.1
2014	28788.1	5.0	59426.6	48.4
2015	29485.9	2.42	63002.3	46.80
平均	—	14.08	—	53.01

资料来源：据山东省统计局资料整理。

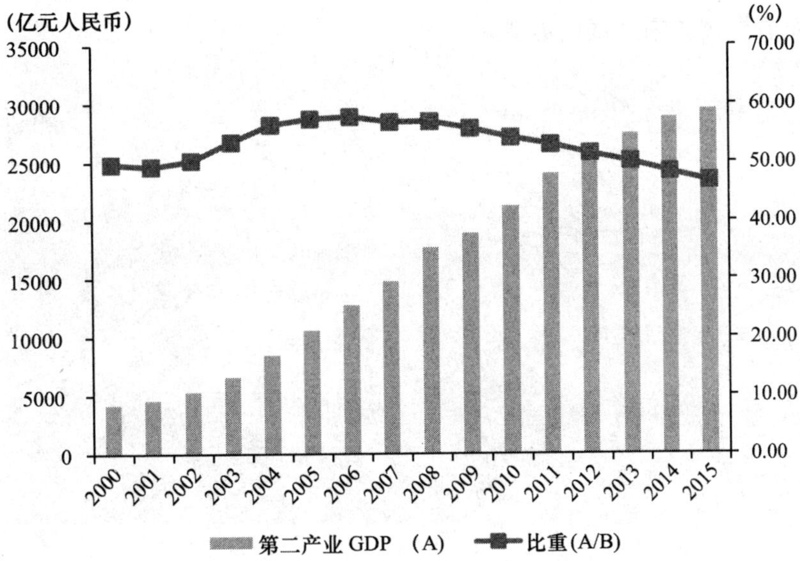

图 3-28　山东省第二产业增加值占 GDP 总额的比重

第五节　青岛港的发展战略与可持续竞争力

一　青岛港的发展新动向

青岛港提出的“十二五”基本战略目标是：“再造一个 3 亿吨的青岛港，2015 年港口实现吞吐量 6 亿吨，集装箱 2000 万标准箱，建成集装卸、物流、产业三位一体、综合实力强大、功能配套、优势明显、具有区域资源配置能力的东北亚国际航运中心，实现由世界大港向世界强港的转变。”

根据青岛的经济地位和发展潜力，来青岛投资建港的业主仍在不断增长，所以有必要选择一处具有发展潜力的海湾作为备用港址。2005年12月，青岛市港航管理局委托交通部规划研究院作了《青岛港总体规划》并通过了专家评审，在综合分析青岛自北向南（即墨到胶南）的海岸线后，各方专家一直认为，鳌山湾的各项条件是青岛市现有适合建设深水港口码头岸线资源中最优越的，适合建设大型综合性深水港区，以缓解青岛港目前通过能力和日益增长的吞吐量之间的矛盾，以及满足青岛港未来发展的需要。

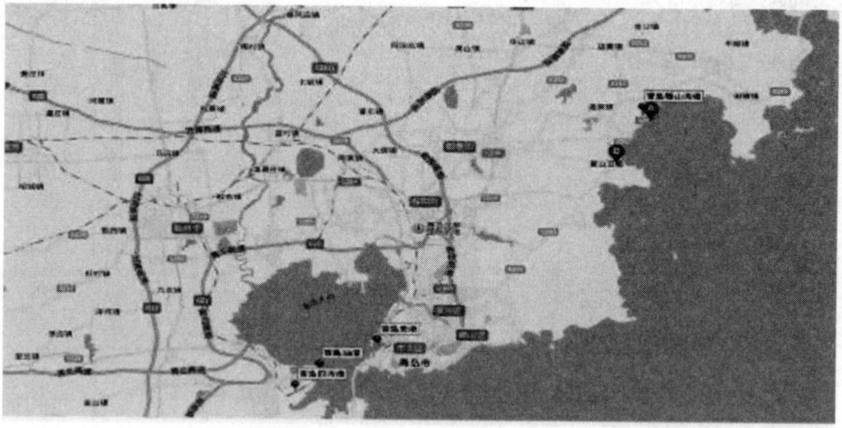

图3－29　青岛鳌山湾港位置图

2012年，青岛市交通运输委港航局编制完成《青岛港鳌山湾港区总体规划》初稿，鳌山湾港区将在2015—2020年逐步发展成为青岛国际集装箱干线港的重要组成部分，逐步发展成为青岛港新的大型综合性深水港区。加快推进港口工程建设，预计全年港口建设完成投资40.8亿元人民币，新增万吨级泊位2个，新增吞吐能力2900万吨，港口通过能力达到2.45亿吨。

表 3—27　　**青岛鳌山湾港发展规划**

<table>
<tr><th>区分</th><th>指标</th><th>主要货物</th><th>吞吐量目标</th></tr>
<tr><td>集装箱码头岸线长</td><td>长：21.1 公里
泊位：55 个</td><td rowspan="10">集装箱货物及散货</td><td rowspan="10">鳌山湾港区在 2015—2020 年逐渐发展成为青岛港国际集装箱干线港口的重要组成部分。
2020 年战略目标：
集装箱吞吐量 250 万 TEU
散货吞吐量 200 万吨
2030 年战略目标：
集装箱吞吐量 500 万 TEU，
散货吞吐量 500 万吨。</td></tr>
<tr><td>通用散货码头岸线长</td><td>长：2012 公里
泊位：9 个</td></tr>
<tr><td>集装箱码头作业面积</td><td>4083 万平方米</td></tr>
<tr><td>通用散货码头作业面积</td><td>660 万平方米</td></tr>
<tr><td>后方场地面积</td><td>岸线长：2.66 公里
陆地面积：58 平方米</td></tr>
<tr><td>综合物流园区、临港工业园区面积</td><td>4827 万平方米</td></tr>
<tr><td>防波堤长</td><td>19 公里</td></tr>
<tr><td>岸线长</td><td>25.89 公里</td></tr>
<tr><td>陆地面积</td><td>9882 万平方公里</td></tr>
<tr><td>海域面积</td><td>3230 万平方公里</td></tr>
</table>

资料来源：根据 www.qingdaoport.com 提供的资料整理。

2013 年 11 月 15 日，青岛港国际股份有限公司成立，青岛港国际股份有限公司的成立是青岛港所有权制度改革的成果。以青岛港国际股份有限公司的成立为契机，青岛港的管理运营将更加规范化，确立了公司负责法人，老港改造、新港开发、资本运营等事业将得到进一步的推进，青岛港的国际化、现代化、可持续发展将会实现。2014 年 6 月 6 日，青岛港国际股份有限公司在香港联合证券交易所上市。

二　青岛港的战略目标

目前，青岛港拥有青岛老港区、前湾新港区、黄岛油港区和董家口港区四大港区。自 1995 年以来，青岛港集团一直是中央选树的国有企业重大典型，先后荣膺中国企业 500 强、中国服务业企业 500 强、中国企业效益 200 佳，上缴青岛市地税额一直名列前茅。

结合《山东半岛蓝色经济区发展规划》和港口运营实际需要，青岛港集团积极推进港口转型升级，引进全国领先的航运公司和港口运营商，于2013年11月15日在青岛召开创立大会，共同发起设立青岛港国际股份有限公司（简称“青港国际”）。青港国际的设立，将进一步规范青岛港的企业治理形态，有助于切实建立完善的法人治理结构，并有助于加快老港区改造、新港区开发、资本运营等工作，推进青岛港的国际化和现代化及快速可持续发展。

青岛港“十二五”战略规划目标是由世界大港变为世界强港。青岛港为了实现第四代世界物流强港的目标，通过强化码头装卸效率、现代物流服务、金融资本运营、游轮休闲产业、海运服务五大领域的竞争优势，进而打造可以发挥区域经济资源配置功能枢纽港、国际航运中心。

2013年，青岛港明确了一条极具港口特色的“转型”之路：以经济效益为中心，对标国内外先进港口，深入开展“五标五定”活动，强力推进思想领域的大解放、经营模式的大变革、港口布局的大调整、体制机制的大创新，全力推进港口装卸、现代物流、资本运营、邮轮经济和港航服务“五大板块”，加快建设第四代世界物流强港。

未来，青岛港集团及青港国际将继续坚定不移地落实中央省市一系列部署，加快转型升级，以期建成物流、信息流、商流和资金流“四流合一”、综合实力强大、功能配套、优势明显、具有区域资源配置能力的第四代世界物流强港。

青岛港“十二五”战略规划目标是由世界大港变成世界强港，具体内容如表3－28所示。青岛港为了实现第四代世界物流强港的战略目标，通过提高码头装卸效率、提升现代物流服务水平、加快金融资本运营、培育游轮休闲产业、提升海运服务质量打造五大领域的竞争优势，进而构建可以发挥区域经济资源配置功能的枢纽港、国际航运中心。在“十二五”期间，青岛港将面向四大港区，以货物流向重新布局，确保四大港区功能互补、分工合理、组合发展，提升服务的专业化水平，扩大市场占有率，构筑起港口竞争发展的崭新优势。表3－28里详细呈现了青岛港为实现第四代世界物流强港的发展目标而采取的具体措施。

表 3－28　　**青岛港第四代世界物流强港战略目标**

<table>
<tr><th>区分</th><th>不同港区的战略目标</th><th>吞吐量目标</th><th>具体措施</th><th>总战略目标</th></tr>
<tr><td>青岛老港</td><td>国际邮轮母港</td><td></td><td>—老港升级改造、建设邮轮母港
—构建中国粮食交易中心
—发展低碳临港产业
—重视内河运输</td><td rowspan="7">通过发挥码头在装卸效率、现代物流服务水平等层面的竞争优势，结合资本运营、邮轮经济、航运服务等领域的综合优势，把青岛港打造成区域经济资源配置枢纽港、国际航运中心港，最终实现第四代世界物流强港的战略目标</td></tr>
<tr><td>黄岛油港</td><td>国家战略物资储备基地</td><td></td><td>—建设原油专用码头
—培育石油化工产业集群
—建设引船基地</td></tr>
<tr><td>前湾港</td><td>东北亚国际集装箱中转枢纽港</td><td></td><td>—开发建设深水、高效、信息化、大型化集装箱码头
—发挥保税港区作用
—构建海上物流体系
—打造自由港
—加强构建水铁联运体系</td></tr>
<tr><td rowspan="2">董家口港</td><td rowspan="2">大宗物资交易中心、散货中转基地</td><td>2016—2020 年：
集装箱 250 万 TEU，散货 200 万吨</td><td rowspan="2">—加快深水泊位开发
—打造国际大宗干货、散货、液体货物、杂货装卸基地
—打造大宗散货集装箱中转基地</td></tr>
<tr><td>2021—2030 年：
集装箱 500 万 TEU，散货 500 万吨</td></tr>
<tr><td rowspan="2">鳌山湾港</td><td rowspan="2">国际集装箱干线港</td><td>2020 年：
集装箱 250 万 TEU，散货 200 万吨</td><td rowspan="2">—开辟欧洲、美洲国际干线集装箱航线</td></tr>
<tr><td>2030 年：
集装箱 500 万 TEU，散货 500 万吨</td></tr>
</table>

（一）青岛老港区的战略目标——打造世界游轮母港

青岛老港区实现绿色环保发展，重点发展粮食、化肥、钢材、铝锭、设备等件杂货、清洁货种以及袋装货，并加快推进国际客班轮、邮轮发展和滚装物流及关联产业的开发建设和经营管理。

2014 年 6 月 17 日，青岛市召开“大港老港区及周边区域概念规划及启动区详细规划设计投资人招标专家评审会”，将对大港老港区周边进行改造，建设集邮轮、金融以及休闲娱乐度假等多功能于一体的青岛未来港，打造青岛新地标。

图 3 – 30　青岛老港的整体规划图

该工程地点位于大港老港区及周边区域，北至海泊河，东、南至胶济铁路，西以海岸线为界，占地 4 平方公里（不包括特殊用地）。其中，邮轮母港启动区选址于青岛港 6 号、1 号、2 号码头及腹地范围，东至新疆路、渤海路，西至海岸线，南至邱县路，北至普集路延长线。

青岛邮轮母港将突出腹地的商业商务功能，强化邮轮城与城市的衔接关系，规划建设游艇码头和游艇俱乐部，形成集商务办公、星级酒店、商业餐饮、展览展示、休闲娱乐等功能于一体的高端城市综合体，将老港区打造成青岛老城区“皇冠上的一颗明珠”。

邮轮经济是当今世界增长最快的经济形式，邮轮经济可以 1∶10 的比例带动旅游、度假、金融、商业等各个行业的发展，邮轮经济作为一种“超动力”还能够促进就业，扩大产业升级。

大港老港区的建设，也是以邮轮母港为中心，打造国际滨海旅游度假新地标，升级青岛国际旅游形象。与此同时，凭借青岛距离日韩较近的区位优势，改造后的大港还将被打造成为中国沿海第四大金融中心，促进中日韩经济往来与合作。

改造后的老港区将成为集旅游、度假、国际商务等综合功能于一体的“青岛未来港”，成为并肩巴尔的摩内港、巴塞罗那港、悉尼达令港的国际港城新示范。未来还将形成大港商业街，各大国际一线品牌聚集于此，还有各类节庆活动，这里将成为青岛国际时尚“不夜城”。

除此之外，还将建设中国首个海洋主题娱乐综合体海洋天堂、打造东北亚国际地标建筑群蓝海金融、中国最大的铁路历史博物馆百年胶澳以及跃动海岸、海上静谧五个重点项目。

2015 年 4 月 30 日，青岛港与华润集团、招商局集团共同签署青岛邮轮母港城开发项目合作框架协议，三方将发挥各自优势，通过市场化运作，建设以邮轮经济为中心，集航运办公、金融商贸、餐饮购物、文化娱乐和居住休闲于一体的青岛国际邮轮母港城。

华润集团和招商局集团均为实力雄厚的大型央企。此次与青岛港强强联合签署框架协议，标志着青岛邮轮母港城进入正式开发阶段，此举将加快青岛港老港区改造，推动青岛早日建成具有重要国际影响力的中国北方邮轮中心。

作为青岛国际邮轮母港城的一环，邮轮母港码头主体建设工程已经完成验收，具备停靠世界最大邮轮的能力，作为其配套设施，青岛邮轮母港客运中心于 2015 年 5 月建成投入使用。

青岛邮轮母港启动区共规划三个邮轮泊位，其中新建超大型邮轮泊位一个，利用 6 号码头现有泊位两个，岸线总长度 966 米，可全天候自由停靠目前世界上最大的 22.5 吨级海洋绿洲号和海洋魅力号邮轮。

图 3－31　青岛邮轮母港的规划图

（二）黄岛油港区的战略目标——建成国家战略物资储备基地

黄岛油港区将着力建设油品、化工品的物流集散基地。以原油“五大基地”（产业炼化基地、中转基地、贸易基地、保税基地、储备基地）、建成全国第一个亿吨油港为目标，提升罐容、集疏运能力，推进周边资源整合。加快董家口港区30万吨级原油码头建设，并加强配套设施的建设。扩大保税罐数量，建设燃料油中转保税基地。吸引贸易商开展贸易、保税业务，打造覆盖亚太地区的国际中转贸易基地。加大与中船燃石油有限公司等合资合作力度，打造燃料油中转保税基地。

（三）前湾港区的战略目标——打造国际集装箱中转枢纽港

把前湾港区打造成东北亚集装箱枢纽港，同时保持以矿石、煤炭为主的散杂货的适度发展。加快集装箱生产由前湾北岸向南岸适度转移，南北呼应，协调发展。内贸大船由老港区向新港区转移，着力开展内贸中转服务。在前湾港区新建两个5万吨级汽车专用码头，新增60万辆汽车吞吐能力。

（四）董家口港区的战略目标——建成国家能源物资储存基地、大宗商品交易中心

加快建设董家口港区，建成以矿石、煤炭、原油为主的大宗散货集散基地；兼顾件杂货发展。以此为依托，大力发展临港工业和物流产业，使其成为青岛港可持续发展的新空间。

煤炭实现跨越式发展，2011年完成2040万吨。“十二五”期间，青岛港着力发展煤炭上水，实现煤炭跨越式发展。加速推进董家口20万吨煤炭码头建设和配套场地建设。先行建设上水码头，利用山东省内焦煤需求缺口扩大推动焦煤上水量。利用山东企业对煤炭的需求缺口，建设煤炭储备基地，服务区域经济发展。

拓展国际中转，建设物流中心。推行大船公司战略，外贸重点培育5—10家过百万箱的船公司，提升国际中转能力。加密航班，每年新增航线30条、航班100班以上。内贸利用新港区码头优势，吸引、培育船公司，加密航线，打造南下北上的内贸中转基地。

打造矿石全新优势，2011年完成13170万吨。“十二五”期间，矿石按流向进行布局，按董家口建设及配套铁路建设进度分阶段制定对

图 3-32　董家口港区规划模型

策，着力发展矿石中转，抢揽周边港口矿石货源。推进矿石物流基地和临港工业基地建设。

加强与烟台、日照、威海等周边港口和邻近国家港口的联系与交流，创新战略联盟合作框架，提升可持续发展能力。

（五）鳌山湾港区的战略目标——打造国际集装箱干线港

“十二五”期间，青岛将适时启动鳌山湾港区，并力争开通一条欧美空中航线，最终打造一个辐射全球、面向东北亚的陆海运输枢纽网络体系，使青岛成为东北亚区域外贸运输与国际货物集散和中转的核心枢纽城市之一。

据了解，鳌山湾是青岛市沿岸的一个大型天然海湾，鳌山湾港区与胶州湾综合运输核心枢纽的功能近似，将在 2015—2020 年逐步发展成为青岛国际集装箱干线港的重要组成部分，进一步增加国内大中城市的航班密度，争取开通 1 条欧美直达航线 。

三　青岛港的战略措施

（一）加快建设国际物流中心

“十二五”期间，青岛港将依托港口资源，大力拓展港口物流供应链，实现从被动满足物流向主动参与物流转变，推进市场拓展，扩大货源腹地，加快建设国际物流中心。

整合港口内部资源。围绕大服务、低成本的现代物流运行目标，对港内资源进行整合，实现业务协同，形成市场开发合力，提升市场占有率。

引进、积聚国际物流商、贸易商，并通过资本、技术、管理、人才等的投放，促进合资合作，开展适度的多元化经营，推动港口内部及临港工业有关设施的合资建设。申请无船承运人资质，走出国门，积极拓展国外业务。拓展喂给港，积极参与内陆无水港建设，推进多式联运，加快国际采购、加工、配送中心建设。

充分发挥港口资源配置平台作用，建立以矿石、煤炭、原油、纸浆等大宗货源信息交易平台、电子商务平台、物流信息平台，推进物流、商流、资金流、信息流的集成，以资源信息化建设促进贸易、拓展流量，吸引社会物流要素向港口积聚，培育和壮大港口物流市场，实现港口功能转变。

在推进整车出口、汽车零部件业务的基础上，争取国家整车进口业务。充分发挥港口优势，拓展食品、海产品等冷链物流；不断提升管理水平，积极培育化工品物流；同时针对新形势，把握新机遇，不断拓展物流市场新空间。

转变生产模式，完善港口物流体系。面对第四代物流强港的发展定位，青岛港已不单单将自身作为物流节点企业，而是结合实际重点推进集装箱、干散货、油品、件杂货四大核心货种物流体系的建设，构建一站式物流，这也是港口转型升级，提升核心竞争力的现实需要。

在集装箱物流体系建设上，青岛港抓住订舱、场站、车队、船公司这几个关键节点，整合全港资源，打造大货代、大场站、大车队、大船公司等功能模块，增强港口在物流链上的话语权；发挥港口资源优势，开展外贸箱货代订舱业务，订舱业务从 2013 年四季度到现在翻了近两番，进一步扩大了市场占有率。

（二）加快经营模式转型升级

“十二五”期间，青岛港将以建设发展董家口新港区和现代化物流中心建设为契机，发挥规模效应和实力优势，坚持高效集中统一运作，不断提升创收能力，降低运营成本，保持港口资产保值增值。

这期间，青岛港将采取自我积累、合资合作、项目融资、上市融资等多种方式筹集资金200亿元。

青岛港还将提高关联产业收入比重。坚持港内港外两个市场并举，积极拓展外部空间，扩大市场份额和规模，大幅提高二、三线单位的收入规模和收入比重。确保在“十二五”末，集团二、三线单位的收入比重达到40%，比“十一五”末提高10%。

另外，积极探索港口金融业务。充分利用前湾保税港区的外汇政策优势，探索开展离岸金融业务，推动货主企业“走出去”，货源“引进来”。充分利用青岛港的优良信誉，履行第三方管存职责，积极开展仓单质押业务，促进港口物流增量。

转变发展模式，提升经济效益水平。在巩固装卸主业的基础上，青岛港用“智慧”开拓出全新的市场空间；开辟新兴金融业务。青岛港抢抓金融市场快速发展的机遇，重点发展资本运营板块，稳健开辟保险、债券、质押融资等业务，把港口的资源优势转化为资本优势；做大关联服务业务。青岛港以开发邮轮母港和整合全港关联产业资源为契机，加快发展关联业务，打造新的效益增长点。

转变工作模式，建设智慧型港口。青岛港把信息化技术应用到港口发展的各个环节，从内部生产调度、码头操作、业务管理，到外部EDI数据交换、物流平台、口岸平台建设，全力打造信息化、无人化的智慧港口。2013年以来，根据生产发展的需要，青岛港集中开发了36项重点信息化项目，2014年一季度，又围绕股份公司发展需要，重点研究开发了港口安全信息平台系统、办公自动化系统等新项目，组织开展了互联网时代港口创新发展研讨，不断提升信息化管理水平，更好地为港口生产发展服务。

（三）创新生产方式

“十二五”期间，青岛港将大力提高自主创新能力，投入资金1亿元用于科研开发。投入资金20亿元用于进行设备更新及技术改造。资产成新率在“十二五”末达到70%。推动港口由规模优势向技术优势转变。

提高信息化建设水平。“十二五”期间，确保每年开发应用软件成果1000项以上，实现信息资源的共享与增值，加快信息化与工业化的融合，全力打造“智慧港口”。

提高“零距离”创新水平。以“确保安全、降低劳动强度、提高生产效率、促进节能减排、缩短在港时间”为主攻方向，以广大职工为创新主体，大力实施港口自主创新行动计划，充分发挥国家级技术中心、九大装卸生产创新基地、信息中心、博士后工作站的作用，完善科技创新体系，加快创新平台和创新基地建设，确保“十二五”期间每年完成科技创新和技术革新成果270项以上，获得专利27项以上。其中，2011年要完成科技进步和技术革新项目280项；申请市级以上科技进步奖5项，申请并被受理专利28项。港口技术装备、科技进步达到国际领先水平。

提高成果转化能力。加强产学研合作，开发具有自主知识产权的产品。借助科研单位、大专院校、实验室新能源等关键技术研究成果，开展混合动力在港口装卸设备中的应用以及可再生能源供热的应用。积极学习、引进、借鉴国内外的先进技术、先进理念、管理经验，加强新技术、新产品、新工艺开发、引进和应用，加速科技成果向现实生产力的转化。

（四）转变管理模式，建设现代企业制度

2013年11月15日，青岛港突破了发展历程中一项重大的历史性“节点”。在青岛市委、市政府支持下，青岛港重组改制，成立了青岛港国际股份有限公司，实现了管理制度的重大变革。以此为契机，对照现代企业制度要求，青岛港完成了与之相配套的管理模式的转变，建立健全了科学的内控体系、风险管理体系和决策体系，完善法人治理结构，逐步建立起职能科学、结构优化、精干高效、运转有序的组织架构，为港口持续健康发展提供了坚实支撑。

（五）推动低碳环保升级

“十二五”期间，青岛港将投入资金5亿元用于节能减排及环境保护，着力构建以低能耗、低污染、低排放为基础的绿色低碳发展模式。

完善污染物排放统计、监测、考核体系建设，把节能降耗与收入相挂钩，形成长效机制，做到精细化、集约化管理，全面完成节能减排指标。2011年综合能源单耗要控制在5.07吨标准煤/万吨吞吐量以下。

优化产业结构。用高新技术改造传统的码头工艺；总结矿石、集装箱货种流程化作业改造的先进经验，不断优化作业工艺；充分挖掘现有流程化作业线设备和场地潜力，减少中间环节，实现各系统之间的互通连接。

实施技改节能。在生产调度、集装箱生产工艺、多式联运模式、物流领域等各方面开发信息节能项目。结合实际，积极开发利用太阳能、地热能等新能源。大力推广绿色照明，充分发挥信息技术作用，推动信息节能。今年重点推广 LNG 清洁能源使用，加快 LNG 拖车推广应用。研究集装箱轮胎吊“油改电”系统谐波治理；研究港区船舶岸电技术；研究货场照明智能化控制。

实施操作节能。加强生产现场组织管理，优化生产流程，抓好机械运行监控和作业环节的衔接，降低机械能耗。

实施设备节能。不断提升设备管理标准化、规范化、信息化水平，加强设备全寿命周期管理。加强大型设备的油耗、电耗等节能计量，科学分析研究港内机械设备现状，优化设备配置，逐步将能耗高、效率低、排放不达标的老旧设备更新替代为安全、清洁、环保、经济的新设备。同时加大对海水源热泵、地源热泵等先进节能设备设施的引进，抓好低碳源头控制。

（六）转变服务模式，实现高效节能低碳

围绕质量服务，青岛港始终将此作为港口生存的生命线，在实际装卸作业中，产生了将“煤粉矿粉当面粉”的工作态度，采取集装箱船舶“48 小时泊位窗口预报制度”，全面兑现“10 小时保班”的服务承诺，这类服务品牌在港航界传为佳话。

围绕低碳服务。青岛港坚定不移地走低碳环保之路，在港区内建设了先进的污水处理系统、除尘抑尘系统、自动喷淋系统和溢油应急系统；实施科技节能、管理节能，为大型车辆机械安装燃油计量仪，为电动、冷冻设备安装高精度电度表；实施精细化管理，有效降低设备能耗；推广低碳技术、清洁能源，实施轮胎吊“油改电”，每年节约燃油 848 万升，减少二氧化碳排放 1.8 万吨，节约成本 5600 多万元；加快淘汰落后产能，在全港建成 3 座 LNG 加气站，累计购置、改造 76 辆 LNG 运输车，单车能耗降低 20%，年节约燃油成本 120 多万元。

（七）加快队伍素质转型升级

“十二五”期间，青岛港将充分发挥港湾学院的作用，每年选派三级班子、两级机关优秀人才有重点地进行脱产培训。金蓝领培育工程要依托山东省金蓝领计划，结合港口实际，每年培育40名技术工人金蓝领。青年英才工程要坚持每年从集团团员青年中选拔优秀人员予以重点培养。高素质人才引进工程要扩大人才引进范围，从社会、高校等多渠道引进港口发展需要的人才。

2011年，青岛港将重点开展好工商管理高级研修班和生产业务、机械设备、土木工程、财务统计、人力资源、行政管理等行业的学习，从专业研修班优秀学员中选取学员予以重点培养，为港口发展提供强大的智力支持。

重点完善人力资源动态管理机制，优化组织结构，科学定编定员，通过成建制转岗、临时抽调、内部招聘等形式，实现集团内人力资源共享。完善和强化分配激励，不断加大向优秀人才和关键岗位的倾斜力度。强化绩效考核，拉大分配挡距，理顺分配关系，发挥好分配激励作用，最大限度地调动员工的积极性和创造性。

转变培训模式，激励员工成长成才。青岛港2014年一季度对7200多名机关和专业技术人员、10000多名技术工人、6000多名装卸工及其他岗位人员进行安全脱产培训，使学习更加符合实际，更能指导工作实践；同时以前瞻性为前提，抓好专题培训。青岛港立足于现代物流发展趋势，邀请国内知名专家来港进行现代物流专题讲座；并且以实现员工成长为前提，搭建开放式学习平台，先后多次组织技术骨干赴新加坡、中国香港等地接受专业培训，还与国家开放大学合作，开展在岗职工高等学历教育，提升员工队伍整体素质。

激发员工创新创效活力。青岛港充分尊重职工的首创精神，将其作为港口的效益源泉，发动职工人人创新、岗岗创新。2013年以来涌现出1500多项创新成果，其中8项获省市部信息化成果奖，500多项获国家专利。建立职工“心声热线”，鼓励职工为港口创新转型建言献策，收到职工意见、建议180多条，对26项事关发展全局的建议进行重点研究，加快把建议转化成先进生产力。

共建共享发展成果。青岛港始终坚持“一心为民、造福职工”，把职工“拥护不拥护，赞成不赞成，高兴不高兴，答应不答应”作为办一切事情的出发点和落脚点，人人共建共享发展成果，让职工生活得更加幸福、更有尊严。

青岛港开通了20条民主管理渠道，定期开展调查，广泛征求职工意见，倾听民声，共建亲情和谐港口大家庭。千方百计落实员工收入倍增计划。在生产发展、经济效益不断提高的基础上，按每年15%的比例提高员工工资。根据新情况，研究和改进公积金、社会保险缴纳和各类奖金发放办法，确保让人人得实惠。

加强职工劳动保障。缩短职工上下班途中时间、保障职工上下班安全，让职工腾出更多的精力投入工作。同时针对岗位性质和职工需求，研究改进职工劳动保护措施，开展爱心服务，切实维护好职工的合法权益。加快生活服务设施建设。坚持港区美化亮化，完善和改进现场后勤辅助设施，大力提升港容港貌建设水平，为职工营造舒适温馨的工作环境。重视和满足职工的物质与精神需求，为职工打造展现自我的大舞台。真正把实事办到职工的心坎上，实现职工物质生活和精神生活的共同提高。

四　青岛港可持续竞争力分析

中国“十二五规划”中确立了以“高效、融合和高端”为焦点的物流产业发展目标，也就是物流软件部分和物流硬件部门要遵照“高效、融合、网络化”“安全、环保、智能化、标准化”等原则，构建“高端物流体系”。

交通运输部2012年10月29日制定了《关于加快“十二五”期间水运结构调整的指导意见》。政策目标是：以优化发展为主题，进一步完善港口布局，有序推进基础设施建设，提高港口资源利用效率，拓展服务功能，增强港口在现代物流中的枢纽作用，加快推进“两型”港口建设，形成布局合理、服务高效、保障有力、安全环保、管理先进的现代化港口体系。其中提出了按照“兴内河、优港口、强海运”的总体思路，加快水运基础设施、运输装备结构优化升级，促进现代物流发展和综合运输体系建设，不断提升水运发展的质量、效益、竞争能力和服务水平，促进水运科学发展、安全发展。

兴内河：以加快发展为主题，充分发挥内河水运量大、能耗小、污染轻、占地少、成本低、投资省的比较优势，把加快内河水运发展作为完善综合运输体系的重要内容，提高水资源综合利用效率，加大资金投入，加快航道建设和专业化、规模化内河港区建设，积极推进内河船型标准化工作，全面提升内河水运发展水平。

优港口：以优化发展为主题，进一步完善港口布局，有序推进基础设施建设，提高港口资源利用效率，拓展服务功能，增强港口在现代物流中的枢纽作用，加快推进“两型”港口建设，形成布局合理、服务高效、保障有力、安全环保、管理先进的现代化港口体系。

强海运：以做强、做大为主题，加快建设大型化、专业化、现代化的海运船队，增强国轮船队对中国进口能源、原材料等重要战略物资的运输保障能力，大力发展现代航运服务业，不断提升中国海运的国际竞争力和服务水平，增强在世界海运界的地位和话语权。

面对水运发展的重要战略机遇期，为加快推进水运结构调整，要重点抓好六项主要工作。

加快构建畅通、高效的现代化内河水运体系。按照内河航道布局规划要求，加快构建以高等级航道为主体的内河航道体系，促进流域经济协调发展。加快长江干线、西江航运干线、京杭运河和长三角、珠三角高等级航道建设，全面改善航道通航条件。大力推进干支联网工程，逐步构建干支衔接、通江达海的航道网络。推动界河、国际河流和非水网地区航道建设，延伸航道通达和覆盖范围。加强航道养护管理，完善养护机制，提高航道养护管理质量和服务水平。加快内河主要港口建设，加快主要港口和部分地区重要港口专业化、规模化、现代化港区建设，建成一批集装箱、汽车滚装、大宗散货等专业化泊位，增强对临港工业和腹地经济发展的支撑带动作用。制定实施《全国内河船型标准化实施方案》，加快推进长江干线、京杭运河船型标准化，全面开展西江航运干线和珠江三角洲高等级航道网船型标准化工作，启动其他高等级航道重点船型的标准化工作，推进乡镇渡船的标准化改造，加快现有非标准船型和安全、环保设施不达标的老旧运输船舶的更新改造。

大力提升港口的发展质量和效益。优化港口布局，推动港口功能拓展和结构调整，充分发挥主要港口在综合运输体系中的枢纽作用，提升对腹地经济社会发展的综合服务能力。进一步完善沿海港口布局，推动区域港口群协调发展；统筹规划、科学推进新港区开发，强化主要港口的辐射功能；加快港口码头结构加固改造，完善煤、矿、油、箱等主要货类运输系统，提升港口现代化水平。加强港口集疏运体系建设，强化各种运输方式间的衔接，加大铁水联运推进力度，提升港口辐射范围和有效带动空间。提高港口资源利用效率，加强岸线管理，积极发展公共码头；实行合理分工和差异化发展、错位发展；鼓励以市场为导向、以港口企业为主体的港口资源整合；推进长江下游深水航道沿线港口的江海一体化运行管理新模式。

提高航运综合竞争能力。优化海运船队结构，促进船舶向大型化、专业化方向发展，扩大国轮船队规模，提高船队现代化水平。推动水上客运向旅游化、高速化、舒适化方向发展，大力发展海峡、岛屿间高速客轮、客滚运输，积极推进邮轮、游艇和水上旅游客运发展。积极支持港航企业实施“走出去”发展战略，完善海运服务网络；规范货主投资航运业，发挥骨干航运企业优势，鼓励航运企业与大型货主优势互补、互利合作，提升保障经济安全运行的能力和水平。积极推动实施启运港退税试点方案，推进船舶特案免税登记政策的常态化，研究推进与国际接轨的海运税费政策，积极参与国际海运合作和重要海上运输通道合作。

加快发展现代航运服务业。进一步提升船舶管理、船舶交易、无船承运、船舶代理、客货运代理等传统服务业的发展水平。提高市场准入门槛，完善船舶委托管理制度，加强对船舶管理公司的监管；完善船舶交易服务场所布局，加强交易行为监管；完善引航、理货等港口服务行业发展政策，加强引航机构建设和理货市场监管；研究制定船舶港口供应服务标准和资质条件，规范经营服务秩序，提升服务质量。大力发展高端航运服务业，建立并完善与之相适应的市场机制。依托国际航运中心建设发展航运咨询、信用评级、运价指数衍生品交易等高端航运服务业务，推进航运信息交换和增值服务系统建设。

促进现代物流体系建设。引导港航企业延伸服务产业链，拓展经营网络，加快由运输承运人向综合物流服务商和全球物流经营人的转变。

加快推进港口与物流园区、保税区、“无水港”的对接和联动发展，依托港口建设综合运输枢纽、大宗商品交易市场、区域性或国际性物流中心，积极拓展采购、中转、加工、配送等功能，提升港口在物流链中的集聚效应。积极推进铁水、公水联运发展，统一联运标准和要求，制定联运数据信息传输、交换标准，建立健全联运统计，推进联运统一单证、优化流程、责任交接和全程联保制度建设，提高物流管理水平和服务效率。

推动安全绿色水路运输发展。正确处理安全与发展、效益的关系，健全规章制度，规范作业流程，强化从业人员培训，认真落实安全生产责任制，提升安全发展的能力和水平。加大安全隐患排查治理力度，重点加强对“四客一危”和滚装运输船舶、砂石运输船舶及危险品码头、客运码头的安全监管，加强安全监管和应急救助设施设备建设，提高应急处置能力。积极构建低碳水路交通运输体系，建立健全水运节能减排和环境保护监测、考核制度，强化水运工程生态保护和修复，积极推广太阳能、地热能等再生能源利用，加快淘汰能耗高、污染重的老旧船舶，大力提升港口装卸工艺和装备的节能水平，完善港口接收、处理污染物的设施，推动大型港口设备“油改电”和船舶靠港使用岸电技术改造。

以上物流产业发展战略目标的制定为培育以“提升发展质量和提高发展效益”为目标的中国港口可持续竞争力明确了物流环境、海运环境、生态环境等领域的支持方案。

港口竞争力是港口内外部资源在最优化配置过程中，在维持和外部环境的协同关系时产生的全部要素（比如资源、能力和环境）的合力。也就是说，在进行港口开发建设的过程中，不仅要重视设施的投资，同时也要考虑港口腹地和经济圈的经济特征，同时还要强化港口经营管理能力。总而言之，在补充或更新港口内部资源的同时也要整合外部资源。

青岛港依据“十二五”发展规划，在进行港口内部资源扩充持续进行时，同时也在推进未来开发计划。通过考察青岛港的发展现状，探讨青岛港的发展战略目标，可以分析判断出青岛港在以下几个领域已经具备了可持续竞争力。

（一）拥有专业化、大型化码头，具备吸引大型船舶的竞争优势

青岛港以2012年为基准拥有79个泊位，其中万吨以上泊位63个，比重达到79.7%。前湾港集装箱专用码头泊位水深18米，可以停泊18000TEU吨位的大型船舶。另外，董家口港铁矿石码头泊位长510米，水深25米，吞吐能力1600吨，可以装卸30万吨级的大型铁矿石船舶。随着集装箱船舶大型化的发展趋势，拥有专业化、大型化泊位为青岛港吸引大型船舶停靠提供了基本的条件。

吞吐量持续增长。青岛港2000—2013年的总吞吐量从8636万吨增加到45000万吨，约增长了5.2倍，年均增长率为13.6%。集装箱吞吐量从212万TEU增加到1552万TEU，约增长了7.3倍，年平均增长率为16.9%。青岛港的吞吐量在2000—2013年保持着持续稳定的增长趋势，也意味着青岛港吞吐量成果持续得到了改善。

从青岛港货物结构来分析，中转吞吐量呈现出急速增长势头。2009—2012年中转吞吐量增长率从4.3%上升到78.0%，增长十分迅速。特别是以2012年为基准，进出口中转吞吐量比上年增长了112.9%，国内沿岸中转吞吐量比上年增长了41.9%。

（二）跻身世界七大港口，集装箱吞吐量持续稳定增长

2000—2014年，青岛港的总吞吐量年平均增长率约为13.0%，集装箱吞吐量年均增长率约为16.1%，集装箱吞吐量增长率高于总货物吞吐量增长率。青岛港集装箱吞吐量在中国不仅占据重要位置，在世界港口排名中也名列前茅。

青岛港在世界集装箱港口中的排名如表3－20所示。青岛港集装箱吞吐量在2010年和2012年位居世界第八，2013年以7%、2014年以6.83%、2015年以5.16%的年增长率上升到世界第七。青岛港吞吐量在世界经济贸易不景气的状况下依然保持了持续增长，证明了青岛港在经营管理和吸引货源等层面的战略成效显著。

（三）构建低碳·绿色港口，推动经济增长方式转型升级

从青岛港环境友好型港口建设策略来分析，为了维持可持续竞争力，青岛港通过不断适应港口环境变化，积极朝着面向未来的低碳·绿色港口转型发展。

青岛港节能减排的实践策略。青岛港积极推进低碳·绿色港口建设，

并取得了显著的成效。2005 年综合能耗降低了 3.90%，节约资金 3.6467 亿元；2006 年能耗降低 4.3%，节约资金 5068 万元；2008 年能耗降低 4.2%，节约资金 6.48 万元，2011 年能耗降低 3.35%。青岛港在进行环境保护的同时，港口形象也持续得到提升。通过降低能耗，青岛港间接地节省了经营成本，从而强化了竞争力。

表 3－29 展示了青岛港环境友好型港口建设的具体推进过程。另外，青岛港每年推行节电、节油、节煤、节水等节能措施，同时还推进牵引车 LNG 改造、轮胎吊电气改造、科学技术创新等一系列环境友好型港口建设项目，通过构建低碳·绿色港口来谋求港口的可持续发展。特别是 2007 年投资 12 亿元购买了 107 台先进装备，取得了 287 项科技创新成果，后期每年为改善环境也不断进行投资。2014 年，轮胎吊节能效果“世界领先”，单箱油耗为 0.49 升/自然箱，同比电轮胎吊节能 20%—25%，同比油轮胎吊节能 60%。

表 3－29　**青岛港环境友好型港口建设进度表**

年度	青岛港环境友好型建设项目
2005	开发应用软件 1198 项，节电 1300 万千瓦，节油 1089 吨，节煤 628 吨，节水 35.1 万吨
2006	桥吊电气改造
2007	投资 12 亿元购买 107 台先进装备，取得 287 项科学技术创新成果，开发应用软件 1134 项
2008	开发了 100 项节能措施
2009	投资 1.3 亿元购买 68 台先进设备，完成了 286 项科学技术创新项目
2010	投资 900 万元进行技术改造，牵引车 LNG 改造，引进 GPS
2011	投资 3 亿元购买了 160 台环保装备，完成轮胎吊电气化改造，牵引车天然气改造
2012	综合能耗 5.13 吨标准煤/万吨吞吐量
2014	轮胎吊节能效果“世界领先”，单箱油耗 0.49 升/自然箱，同比电轮胎吊节能 20%—25%，同比油轮胎吊节能 60%

资料来源：据《中国港口统计年鉴》资料整理。

另外，青岛港集装箱码头节能实践也取得了优异的成绩。青岛港通过实施一系列码头作业装备电气化改造等低碳、集约型增长方案，取得了巨大的节能成就。2009 年青岛港码头装卸设备中的桥吊和轮胎吊万吨货物的能源消耗量为标准煤炭 18 吨，这个数值仅为其他港口的 60%—80%，在中国十大集装箱码头中属于最低值，充分说明了青岛港集装箱码头的节能减排成绩最高。以 2012 年为基准，青岛港的能源综合消耗量万吨吞吐量仅为标准煤 5.13 吨。另外，青岛港在“十二五”发展规划中，环境保护相关投资达到 5 亿元。

最后，青岛港拥有绿色港口环境改善层面的政策支持。环境改善为保障港口作业的安全性提供了有利的外部环境，环境改善效果越好，港口作业的安全性就越高，对于港口可持续竞争力的维持就越有利。

表 3 - 30 利用 2005—2013 年中国七大集装箱港口所在的省级行政单位的环境保护投资额，对各港口的环境改善程度进行了评价。中国七大集装箱港口所在省份的年度环境保护投资金额详见表 3 - 30。从中可以看出，2005—2013 年山东省的年平均环境保护投资金额为 128.4 亿元，属于最高水平。其次是江苏省 84.5 亿元、广东省 81.9 亿元、辽宁省 46.5 亿元、河北省 52.1 亿元、浙江省 43.7 亿元。

表 3 - 30 2005—2013 年中国七大集装箱港口所在省份环境保护投资金额

（亿元）

	江苏省	广东省	浙江省	山东省	河北省	辽宁省
2005	75.8	66.2	34.1	112.2	46.3	49.3
2006	54.5	57.5	45.9	110.1	36.7	68.1
2007	104.8	73.4	40.7	128.9	40.9	43.1
2008	77.4	55.7	27.8	162.3	40.0	37.9
2009	52.4	38.9	37.7	97.9	25.1	39.2
2010	34.1	52.0	23.4	82.1	21.5	29.0
2011	58.4	30.7	33.4	121.9	47.9	22.8
2012	74.2	54.6	52.5	127.4	38.3	20.6
2013	229.2	307.8	98.1	212.8	171.8	108.6
平均	84.5	81.9	43.7	128.4	52.1	46.5

资料来源：据中国国家统计局（http：//www.stats.gov.cn）。

2005—2013年，中国七大集装箱港口所在省份江苏省、广东省、浙江省、山东省、辽宁省、河北省环境保护投资金额占各省GDP的年平均比重如表3-31所示。山东省年平均比重为0.39%，属于最高比重。其他省比重排名顺序为辽宁省0.34%、河北省0.29%、江苏省0.24%、广东省0.20%、浙江省0.18%。

表3-31　　2005—2012年中国7大集装箱港口所在省份环境保护投资金额占GDP比重　　(%)

	江苏省	广东省	浙江省	山东省	河北省	辽宁省
2005	0.41	0.30	0.25	0.61	0.46	0.63
2006	0.25	0.22	0.29	0.50	0.32	0.74
2007	0.41	0.24	0.22	0.50	0.30	0.39
2008	0.25	0.15	0.13	0.52	0.25	0.28
2009	0.15	0.10	0.16	0.29	0.15	0.26
2010	0.08	0.11	0.08	0.21	0.11	0.16
2011	0.12	0.06	0.10	0.27	0.20	0.10
2012	0.14	0.10	0.15	0.25	0.25	0.08
2013	0.38	0.49	0.26	0.39	0.60	0.40
平均	0.24	0.20	0.18	0.39	0.29	0.34

通过以上数据分析可以看出，青岛港所在地区的环境保护投资金额排名最高，占GDP的比重也最高，以此可以判断出青岛港所在山东省对环境保护重视程度之高。山东省生态环境的持续改善为青岛港港口作业的安全性提供了有利的自然环境条件，保障了港口可持续竞争力的发挥，为青岛港构建环境友好型港口提供了可持续发展层面的有利政策支持。

五　持续强化腹地经济的支撑作用

港口经济对区域经济的拉动作用显著。港口经济发展对经济腹地的经济贸易发展发挥了引擎拉动作用。港口经济是指在一定地区范围内港口、临港产业园、物流园、观光基地等相关产业有机形成的区域经济的一种。港口作为本地区和外部环境、资源、信息间交换的媒介，在区域经济发展中发挥着中轴作用。

青岛港通过对老港区的改造，正在建造未来世界上最大的游轮母港。对港口功能的升级，不仅可以整合青岛市、山东省，甚至可以整合全国的旅游资源，今后也可以振兴旅游相关的产业，使其成为新兴的经济成长引擎。青岛港对区域经济的贡献度越大，区域经济的增长就可以对青岛港竞争力的持续维持发挥支撑作用。

腹地经济圈对港口经济发挥着重要的补给支撑作用。青岛港口经济发展和直接经济腹地山东省经济发展呈现出互补型增长关系。港口经济腹地圈经济发展的稳定性增长对保证港口货源的稳定增长发挥着重要的补给支撑作用。保持港口内部资源开发和腹地经济圈等外部资源的互补型良性循环关系可以实现港口经济和区域经济的协同式发展，可以提高港口的投入—产出效率，形成可持续发展港口竞争力。

港口经济具有集群经济的特征，不仅可以带来规模经济和外部经济效应，而且相关企业如果进行合理分工、保持协同增长关系，通过竞争不仅可以调整产业结构、推进技术进步，而且可以发挥互动作用。同时，如果共享基础资源，还可以降低企业的交易成本、强化竞争力。

青岛港通过实现物流、信息、商贸、金融等领域综合性的资源优化配置，正朝着第四代世界物流强港的战略目标不断前进。青岛港通过专业化、大型化码头建设，吞吐量实绩不断提升，物流服务水平不断提升，在区域经济枢纽港构建等层面已经取得了巨大的成就。

港口通过内部资源开发和腹地经济圈开发，可以实现内外战略资源整合，从而保持协同互补型良性循环关系，最终可以提高港口的产出效率并提升港口的可持续竞争力。青岛市是青岛港所在城市，以 2013 年为基准，是中国第三大外贸城市。2000—2014 年，青岛市的进出口总额年均增长率为 14.9%，占中国总进出口总额的年平均比重为 2.2%。青岛市进出口的活跃程度为青岛港吞吐量的增加做出了巨大贡献。

另外，青岛港的直接经济腹地山东省 2000—2014 年的 GDP 和进出口年均增长率分别为 15.3%、19.6%，在中国总 GDP 和总进出口总额中所占的比重分别为 9.9% 和 5.9%。以上数据说明山东省经济发展非常具有活力，同时经济规模在中国持续占据较高的比重。图 3－33 展示了山东省 GDP、贸易总额和青岛港吞吐量的变化趋势，山东省 GDP、进出口总额和青岛港的吞吐量变化趋势几乎一致。另外，山东省进出口总额的增长率整体上最高，这也给青岛港吞吐量的变化带来了很大的影响。

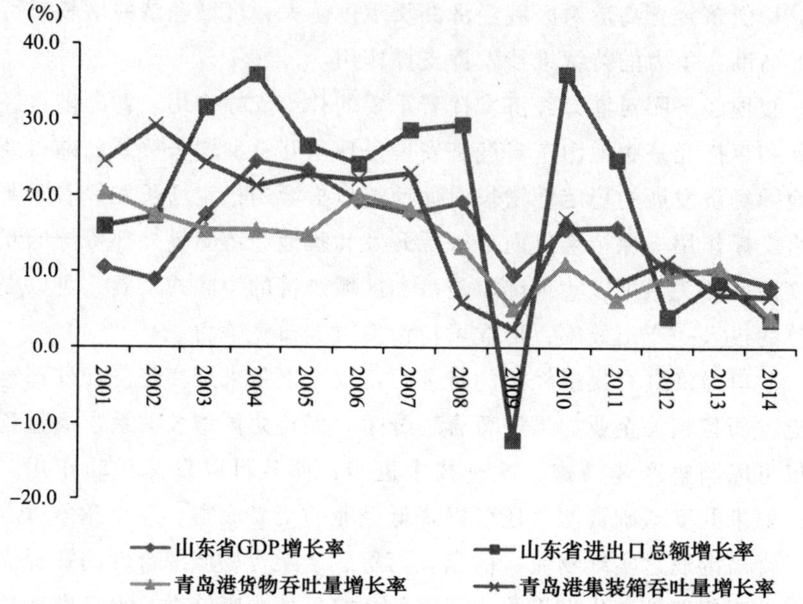

图 3－33　青岛港吞吐量增长率和直接经济腹地山东省经济增长率的变化趋势

另外，弹性系数是一定时期内相互联系的两个经济指标增长速度的比率，它是衡量一个经济变量的增长幅度与另一个经济变量增长幅度的依存关系。表 3－32 展示了青岛港总吞吐量和集装箱吞吐量分别对山东省外贸总额和 GDP 总额间的比率。从表 3－32 中可以看出，2000—2014 年，青岛港的总吞吐量每增加 1 万吨，山东省年平均 GDP 相应增加 1.05 亿元人民币、进出口总额相应增加 0.05 亿美元。同时，2000—2014 年，青岛港每增加 1 万标准集装箱吞吐量，山东省的年平均 GDP 相应增加 32.54 亿元人民币、进出口总额相应增加 1.38 亿美元。通过数据对比可以看出，青岛港集装箱吞吐量对山东省 GDP 和外贸总额的贡献率高于一般货物吞吐量，说明了青岛港在集装箱吞吐量上具有明显的优势。

表 3-32　**青岛港总吞吐量、集装箱吞吐量分别与山东省贸易总额和 GDP 总额间的弹性系数**

区分	货物吞吐量对 GDP 的弹性系数（亿元/万吨）	集装箱吞吐量对 GDP 的弹性系数（亿元/万 TEU）	货物吞吐量对进出口总额的弹性系数（亿美元/万吨）	集装箱吞吐量对外贸总额的弹性系数（亿美元/万 TEU）
2000	0.99	40.29	0.03	1.18
2001	0.91	35.75	0.03	1.10
2002	0.86	30.94	0.03	1.00
2003	0.88	29.33	0.03	1.05
2004	0.92	29.23	0.04	1.18
2005	0.99	29.35	0.04	1.22
2006	0.98	28.67	0.04	1.24
2007	0.98	27.45	0.05	1.30
2008	1.03	31.01	0.05	1.58
2009	1.07	33.04	0.04	1.35
2010	1.12	32.61	0.05	1.57
2011	1.22	34.84	0.06	1.81
2012	1.23	34.49	0.06	1.69
2013	1.22	35.23	0.06	1.72
2014	1.27	35.84	0.06	1.67
平均	1.05	32.54	0.05	1.38

综上所述，青岛港吞吐量经济指标和直接经济腹地山东省的经济增长指标存在十分明显的正相关性，山东省经济的持续稳定增长对青岛港的发展提供了强有力的支撑作用，同时青岛港对山东省的经济发展具有强大的牵拉引擎作用。

六　构建第四代世界物流强港，区域资源配置作用得到持续加强

第四代港口形成于 21 世纪初，主要运输集装箱货物、大宗液体、干货、散货等，以海洋产业为中心进行发展，目标是构建第四方物流中心、信息化中心、环境友好型港口。第四代港口以港口为中心，主要发挥连接陆向腹地经济圈或者海向腹地经济圈的物流网络功能、港城一体

化功能、内陆物流分拨功能。另外，第四代港口追求可持续发展，目标是实现物流外包、智能化、集约化、产业化、生态环保等全方位的发展。第四代港口是通过构建全球化电子商务信息中心、国际海洋中心、港口集群、港口物流联盟等复式联运提供 ONE - STOP 服务的枢纽港和区域中心港。

第四代港口以航运中心或者物流中心建设为基础，把港口作为物流供应链的重要一环，港口功能实现了从发挥静态的物流节点的作用到动态的网络化作用的转变。也就是说，第四代港口是发挥物流、信息、商务、金融等综合区域经济资源配置功能的港口。

青岛港通过实施蓝色经济战略，依据第四代港口发展模式，在董家口港区建设了装卸铁矿石、煤炭、原油、散货等深水码头，全面发挥综合物流、专业化物流、加工、保税、仓储、商贸、信息、金融及综合服务的作用，努力把青岛港建设成为国家战略物资物流中心、世界重要能源交易中心、东北亚临港产业加工中心、世界大宗物资信息中心及中国港口区域金融中心。

青岛港依据腹地经济增长和物流功能创新的需要，开发专业化、大型化、深水泊位，扩充港口基础设施，更新自动化、信息化装备，培育腹地工业园、物流园，构建腹地交通网等。通过实施这一系列战略，持续强化着港口竞争力。青岛港 2000—2013 年总吞吐量和集装箱吞吐量平均增长率分别为 13.6%、16.9%，以 2013 年为基准，总吞吐量位居中国第五，集装箱吞吐量位居中国第四。另外，在港口服务层面，国际航线四通八达，大型船舶进出港数量从 2007 年的 5905 艘增加到 2012 年的 7902 艘，正持续不断地增加。

青岛港在吸引货物、吸引船舶等层面积极推进的同时，迅速构建港口疏通要道、高速连接线、铁路进入口等一体化综合运输体系，实施腹地开发、扩大经济圈等战略。青岛港依托环黄海、环渤海、黄淮地区、西部地区等构建内陆运输网，同时也计划构建面向韩国和日本的海上运输网，通过构建全球化东北亚陆海运输枢纽网体系，努力把青岛港打造成东北亚地区对外贸易运输、国际货物集散和中转的核心枢纽港。青岛港通过实现物流、信息、商贸、金融等领域综合性的资源优化配置，朝着第四代世界物流强港的目标不断前进。

综上所述，青岛港通过专业化、大型化码头建设，吞吐量实绩不断提高，物流服务水准持续得到提升，并通过构建绿色港口实现了集约型增长，而且港口经济与腹地经济实现了互动性增长。青岛港通过实现物流、信息、商贸、金融等领域综合性的资源优化配置，朝着第四代世界物流强港的战略目标不断前进，在区域经济枢纽港构建等层面已经取得了巨大的成就。

通过以上对青岛港的发展战略与青岛港可持续竞争力的分析可以判断出，得益于可持续发展战略，青岛港未来在专业化码头建设、物流服务水平提升、绿色港口构建、经济增长方式转型、与腹地经济实现互动增长、区域经济资源配置功能强化等领域的竞争优势将得到持续维持，通过构建第四代世界物流强港、发挥区域经济资源配置作用，青岛港可持续竞争力得到维持的可能性很大。

第四章　可持续港口竞争力评价

港口竞争力指的是港口企业资源投入和资源配置的能力，是港口经营者通过改善港口生产效率从而提高港口产出价值（吞吐量）与港口投入成本（资源）比率的能力。港口竞争力从数量上来说指的是港口吞吐量的成果；从质量上说指的是港口效率。在集约型经济增长模式下，港口在实现吞吐量持续增长的同时实现港口资源投入成本的相对减少，使得产出效率得到持续改善，从而实现港口竞争力的持续维持。

港口可持续竞争力指的是港口企业在环境层面上实现可持续发展的同时，在质量层面上实现港口产出最大化或者港口投入最小化的最优生产目标。可持续港口竞争力是维持港口投入和产出效率均衡的动态过程，重视发挥港口经济和腹地经济的互动作用，强调维持港口城市和环境的友好关系，最终目标是实现经济、社会、环境的均衡协调发展，因而也包含了未来潜在的竞争力。

本书主要从资源、能力和环境三个层面来导出港口竞争力的构成要素。资源层面主要有自然资源、经济资源、基础设施、运输体系、服务体系、信息资源等。能力层面主要有经济发展能力、基础建设能力、物流管理能力、技术开发能力、资源再生利用能力和环境管理能力等。环境层面主要有政治社会稳定、宏观经济环境、海洋生态环境等。资源要素对港口竞争力产生直接的影响，是港口竞争力的内在的影响要素；能力和环境要素对港口竞争力产生间接的、潜在的影响，是港口竞争力的外在的影响要素。

动态能力是港口竞争力的实现路径，可以创造出可持续竞争力。就港口来说，动态能力要素主要指创新、协同、共享、适应等能力，是港口依据竞争环境的变化发掘出潜在的竞争力影响要素，从而把握战略机遇，并通过一系列动态战略的实施来不断地创造新的竞争优势，把未来潜在的竞争力转换成现实的竞争力，最终，一系列竞争力积累的动态过程就可以实现港口竞争力的持续维持。

第一节　可持续港口竞争力评价模型

可持续港口竞争力是在可持续发展理念的基础上，港口经济发展实现面向未来的、集约型增长，在质量层面上持续地维持港口生产率的有效性并保持竞争力的一种动态战略模式。如图 4－1 所示，在水平方向上，第一阶段是对港口竞争力起到支撑作用的资源要素和对港口竞争力起到影响作用的环境要素；第二阶段是针对这些资源和环境的变化的动态战略执行；第三阶段是动态战略执行的结果，也就是竞争优势的创出；

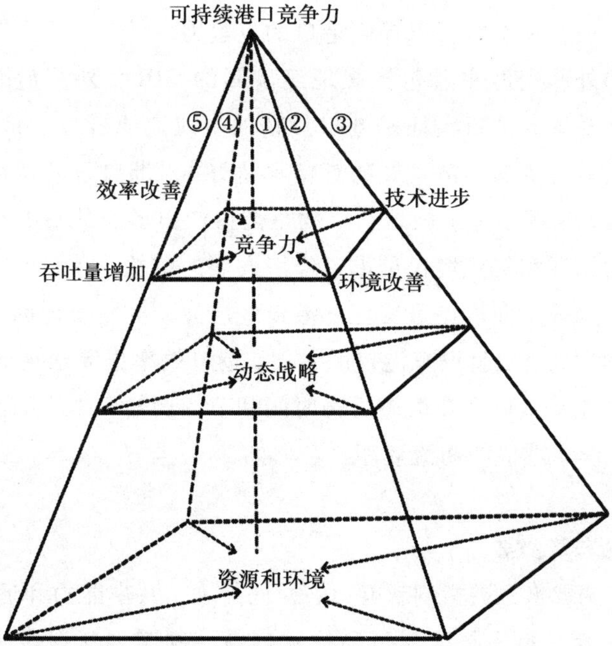

图 4－1　可持续港口竞争力的评价模型设计

①环境变化的驱动力　②动态能力——创新　③动态能力——适应
④动态能力——共享　⑤动态能力——协同

第四阶段是依托技术效率改善、技术进步、环境改善、成果改善（吞吐量增加）的可持续港口竞争力的表现状态。垂直方向是随着环境变化的驱动力，这种驱动力是以动态战略为首的动态能力，主要包括环境变化的驱动力、动态能力——创新、动态能力——适应、动态能力——共享、动态能力——协同等，可以持续地维持港口竞争力，最终实现港口的可持续发展。

一 资源要素

资源要素主要包括港口的内部资源（基础设施、人力资源、信息化资源等），这些资源作为港口的物质性投入要素，主要影响港口吞吐能力和作业效率。比如，随着船舶大型化趋势的发展，对港口泊位的长度和水深，以及集装箱装卸机械的自动化、信息化、智能化等工作能力的要求也越来越高。因此，依据港口吞吐能力的需要，对港口内部资源进行补充、更新和配置可以提高港口的竞争力。

港口的外部资源主要包括腹地经济圈的 GDP、外贸活跃度、腹地物流支援体系等。港口腹地是港口货物的生成地或者目的地[①]，港口腹地的经济发展是港口经济发展的直接驱动力，对港口吞吐量增长发挥着支撑的作用，来源于港口腹地的货物是港口产出增长的重要源泉。港口腹地范围的拓展和经济增长是港口经济发展的依托。因此，腹地产业结构的调整特别是工业的比重变化是港口经济波动的主要动因。如果没有腹地经济的发展，也就没有港口的发展，港口效率也无法得到提高。[②]港口腹地的物流支持体系在缩短运输时间和节约运输成本方面具有十分重要的意义，影响港口的物流效率。

二 动态能力要素

动态能力要素主要指创新能力、协同能力、共享能力和适应能力等。创新能力一般说的是制度创新和技术创新，制度创新促进生产力的发

---

① 黄健元、严以新：《港口集装箱运输竞争力综合评价指标体系的设计方案》，《水运管理》2004 年第 2 期。

② 匡海波：《中国港口效率测度研究》，大连理工大学 2007 年博士学位论文。

展，降低经济体系内外交易成本，从而提高经济增长的效率。即制度创新可以对既定的资源进行配置，朝着帕累托最优（Pareto Optimality）方向改善。比如，港口经营管理制度的民营化趋向、港口开发政策、海运政策的变迁等都可以提升港口经济体制的活跃度，从而提高资源要素的利用效率，使得经济结构更加合理化。

技术创新指的是引进新生产技术和生产方式从而提高生产能力。比如，技术的扩散效应（Diffusion effect）可以在更广泛的范围内创造出经济效益和社会效益，从而促进国家产业技术进步和生产结构的最优化。港口通过技术创新更新落后的设备设施，提高信息化程度，提升机械作业自动化、智能化程度，从而提高港口的生产效率并实现规模经济效益，最终提升港口竞争力。

协同能力主要是指港口的经营管理体系的协同作业能力。比如，通过港口物流信息化、标准化管理以及提升员工的积极性，可以发挥系统的整体功能从而提高港口效率。

共享能力主要是指通过物流联盟、海事联盟、战略合作与并购等战略，实现港口相关产业的资源共享，通过降低交易成本从而实现规模经济效益。

适应能力主要指的是战略转换能力。比如，港口经营者依据港口竞争环境的变化，从而把握战略机遇，通过一系列的战略执行等经营活动，持续不断地创造出新的竞争优势的能力。

三　生态环境要素

生态环境要素指的是在可持续发展经济模式下，港口为了适应因气候环境变化而不断提高的环境标准，在充分提高能源利用效率的前提下，引进绿色技术、利用可再生能源、构建绿色·低碳物流体系等一系列环境友好型政策和节能减排实践。

第二节　可持续港口竞争力评价方法

一　有关港口竞争力评价的研究现状

资源是可持续港口竞争力的支撑性要素，动态能力是可持续港口竞争力的内在驱动力，生态环境要素是可持续港口竞争力的外部影响要素。为了持续保持港口竞争力，不仅要增加港口产出成果和提升港口效率，还要持续改善港口环境。通过构建绿色·低碳港口物流体系，从而减少环境污染或者降低能源消耗，可以提高港口物流生产活动的效率。因此，本书主要从可持续港口竞争力的动态性出发，依据港口环境改善、港口成果改善、港口效率改善三个层面来评价可持续港口竞争力。

港口成果性指的是对港口发展的水平和静态的结果，是在数量层面的评价。港口效率指的是港口资源配置优化程度的效率，是在质量层面的评价。另外，港口竞争力也受到生态环境的影响，特别是如果生态环境恶化，港口设施遭到破坏，港口生产作业安全将受到威胁，那么港口成果性和港口效率无论再具有竞争优势，也将因为环境恶化造成的港口作业安全性降低而丧失全部的港口竞争优势。

综上所述，可持续港口竞争力从港口企业所在的宏观经济环境变化、物流功能创新、生态环境恶化等内外竞争环境变化的特征出发，通过实施一系列的动态战略对港口内部资源进行补充、更新或者结构调整等资源再配置，从而适应环境变化，持续地创造出竞争优势，通过港口经营管理的效率最优，最终实现港口吞吐量产出最大化和营利能力提升。换言之，可持续港口竞争力评价不是对港口竞争力静态结果的评价，而是对港口竞争力形成的动态过程的评价。

有关港口竞争力的影响要素许多学者做出了多角度、多层次的研究。金泰源①、孙正洛②、蒋方知③把吞吐量作为主要的评价指标，实证了港口吞吐量和港口效率间的关系，港口码头吞吐量越高，其效率就越高，港口总吞吐量可以实现规模效益，是港口竞争力的关键要素。

---

① 金泰源：《有关港口竞争的竞争指数分析研究》，韩国海洋大学 2008 年博士学位论文。

② 孙正洛：《有关提升国际竞争力的港口开发政策方向：东北亚中心港口竞争的港口临界规模和中转货物影响因素分析》，韩国首尔大学 2008 年博士学位论文。

③ 蒋方知：《有关海运环境变化引起的光阳港竞争力决定因素的实证研究》，韩国顺天大学 2014 年博士学位论文。

卢润珍[①]、金义坤[②]、蔡艺[③]、李龙善[④]、朱艳[⑤]，蒋方知[⑥]、郑辉[⑦]、曾凡华[⑧]、张廷发[⑨]，把港口设施作为主要评价指标，认为港口基础设施是港口发挥物流功能的基础性要素，随着吞吐量的增加，扩大港口基础设施的数量或者提高信息化、自动化的程度，可以提高港口物流作业的效率，从而提高港口竞争力。

卢润珍、李龙善、张廷发把服务质量作为主要评价指标，认为服务质量是满足客户需求的决定性要素，港口费率、服务的多样化、专业化、安全性是货主选择港口的判断基准。

马文植[⑩]、庆圣林[⑪]把腹地物流园区作为主要的评价指标，认为港口腹地物流园区的开发对港口吞吐量增加和创造附加价值有很大的贡献。

孙正洛[⑫]、曾凡华[⑬]把腹地经济圈作为主要的评价指标，认为港口

---

① 卢润珍：《有关集装箱码头运营业主间竞合形成影响因素和效果的实证分析》，韩国中央大学 2007 年博士学位论文。

② 金义坤：《东北亚地区釜山港竞争力强化方案研究》，韩国东义大学 2008 年博士学位论文。

③ 蔡艺：《有关以效率和 SWOT 分析为主的中国主要港口的竞争力强化方案研究》，韩国朝鲜大学 2009 年博士学位论文。

④ 李龙善：《釜山港竞争力影响要因分析及竞争优势提升方案研究》，韩国东亚大学 2012 年博士学位论文。

⑤ 朱艳：《宁波舟山港的 Hub – Port 利用率提升方案的实证研究》，韩国顺天大学 2012 年博士学位论文。

⑥ 蒋方知：《有关海运环境变化引起的光阳港竞争力决定因素的实证研究》，韩国顺天大学 2014 年博士学位论文。

⑦ 郑辉：《我国港口竞争力及其演化的理论方法和应用》，天津大学 2007 年博士学位论文。

⑧ 曾凡华：《基于深圳港口国际中转的博弈与决策研究》，天津大学 2008 年博士学位论文。

⑨ 张廷发：《集装箱港口竞争分析与对策研究》，山东师范大学 2009 年博士学位论文。

⑩ 马文植：《仁川港腹地物流园区开发对区域经济的影响分析》，韩国仁川大学 2010 年博士学位论文。

⑪ 庆圣林：《关于韩中港口腹地园区的效率和竞争要因比较分析的研究：以韩国光阳港和中国青岛港为中心》，韩国全南大学 2014 年博士学位论文。

⑫ 孙正洛：《有关提升国际竞争力的港口开发政策方向：东北亚中心港口竞争的港口临界规模和中转货物影响因素分析》，韩国首尔大学 2008 年博士学位论文。

⑬ 曾凡华：《基于深圳港口国际中转的博弈与决策研究》，天津大学 2008 年博士学位论文。

腹地是港口货物的生成地或者目的地相关的地区，腹地经济圈的经济发展水平以及进出口货物数量对港口吞吐量存在着正的相关关系，港口腹地经济圈的经济增长是港口经济发展的原动力并发挥着支撑性的作用。

孙正洛、姜贤巨①、匡海波②、庆圣林把港口效率作为主要的评价指标，认为港口投资过剩、重复建设、吞吐量不足等造成的设施利用率低下等产生了规模不经济；港口建设规划的目标是提高港口的生产效率，应该重点考虑通过减少投入或者扩大产出来实现技术效率、规模效率；港口生产效率是港口竞争力的重要评价指标之一，港口效率的改善可以提高港口竞争力。

从以上分析可以看出，有关港口竞争力评价的研究，大部分是以港口成果性和港口效率作为评价指标的，而把环境改善层面的指标作为港口竞争力评价指标的相关研究还较少，这主要是因为环境改善可测评的指标比较难以选取。虽然，现实中，对于环境改善对港口竞争力影响的关注度也越来越高，但是关于环境改善指标开发的研究还不是很多。

2008 年，日本国土交通省公布了“测算污染排放权和温室气体排放权的指标”。另外，2011 年文光勋③的“绿色港口物流体系评价指标”中也有关于港口环境改善的相关指标。日本国土交通省通过“交通政策审议会”“港口分科会”“防灾安全部会”等部门对港口产生的温室气体对象和污染发生源等进行了定义，开发出了二氧化碳排放量的计算指标。港口竞争力评价需要这样的指标，但事实上这些指标很难在港口获取。

表 4－1　　**污染排放权和温室气体排放量计算指标**

区分	排放权	指标（1）	指标（2）
停泊	·停泊船只	·船舶类型、总吨位数 ·负荷率/入港次数 ·停泊时间/燃料种类 ·燃料使用量	·停泊时燃料使用数量 ·燃料种类 ·进出港船舶数量

① 姜贤巨：《韩国集装箱运营公司的经营效率评价研究》，韩国海洋大学 2011 年博士学位论文。

② 匡海波：《中国港口效率测度研究》，大连理工大学 2007 年博士学位论文。

③ 文光勋：《韩国绿色港口政策满意度的研究》，韩国中央大学 2011 年硕士学位论文。

续表

区分	排放权	指标（1）	指标（2）
装卸 1	·集装箱装卸机械 ·货物装卸机械 ·冷冻集装箱发电机	·燃料使用量 ·电力使用量 ·燃料种类 ·货物量	·港口总吞吐量 ·同类机械（马力、定额功率） ·负荷率/工作时间 ·装卸机械台数 ·燃料种类
装卸 2	·集装箱场地 ·码头照明	·燃料使用量 ·电力使用量 ·燃料种类 ·场站、码头数	·岸壁/场地面积 ·照明设施种类规模和机械台数 ·亮灯时间
滞留	·大门滞留车辆（卡车）	·滞留时间 ·滞留台数 ·滞留发生次数 ·燃料种类	·空转时燃料使用量 ·燃料种类 ·台数
港内运输	·运输车辆（拖车、卡车）	·运输距离 ·周转台数（货运量） ·燃料种类 ·燃料费用	·燃料使用量 ·燃料种类 ·台数
腹地运输	·运输车辆（拖车、卡车）	·运输距离 ·周转台数（货运量） ·载重 ·燃料种类 ·燃料费用	·燃料使用量 ·燃料种类 ·台数

资料来源：日本国土交通省：《港口行政》，2008 年。

表 4－2　**绿色港口物流体系评价指标**

指标区分	具体指标
环境层面的评价指标	景观（海岸线景观、城市景观、城市夜景、公路景观） 城市环境（大气污染、机动车噪音、粉尘、噪声）
	城市交通（交通事故、通行增加时间、通行障碍）
	环境友好型材质的使用（仓储、装卸相关的材料）
	可替代能源使用（清洁能源使用、集装箱车辆及港口装备（RTGC 等）清洁能源的替代率）
	网络化运输方式（Modal Shift）

续表

指标区分	具体指标
环境政策·经营层面的评价指标	港口内滞留缩短时间（船舶、货车的滞留时间最小化）
	物流体系改进
	空间布局规划（产业园区、流通产业园区、绿地、居住区、港口基础设施区）
	港口服务（信息服务水平、仓储体系服务水平、码头使用方式）
	港口设施·装备更新补充
	港口选址的便利性

资料来源：文光勋：《韩国绿色港口政策满意度的研究》，韩国中央大学 2011 年硕士学位论文。

二　可持续港口竞争力的评价指标设置

本书以港口竞争力影响要素评价的先行文献研究为平台，以可持续港口竞争力构成要素为中心，依据未来港口发展方向，结合可持续港口竞争力的特征，导出了评价指标。可持续港口竞争力评价指标从数量上反映了港口发展的水平，从质量层面反映了港口投入—产出效率的变化，另外也反映了外部港口生态环境对港口生存所造成的潜在影响力的变化，可以判断出港口竞争力的持续状态。因此，可持续港口竞争力评价指标体系构成如表 4－3 所示。

表 4－3　　　　可持续港口竞争力评价指标体系

目标	1 阶段指标	2 阶段指标
可持续港口竞争力	港口环境改善	环保投资金额
		碳排放降低量
可持续港口竞争力	港口环境改善	新再生能源的投入量
		船舶停泊时燃油使用减少量
		港内运输车辆燃料使用减少量
		港口腹地运输车辆燃料使用减少量
	港口吞吐量实绩	总吞吐量增长率
		集装箱吞吐量增长率
	港口效率	规模效率
		技术效率

环境改善可以证明可持续发展的妥当性，可以维持港口的持续存在状态。吞吐量的持续增加说明港口竞争成果的持续改善，技术效率的改善表示投入减少或者产出扩大等港口生产率的提高程度，港口生产率越是接近帕累托最优（Pareto Optimality），生产量即帕累托效率（Pareto efficiency），说明港口的生产效率向着善的方向改进。

技术进步的变化不仅可以带来经济成长的数量增加，而且也可以带来经济成长的质量提升（比如产品的技术含量增加），技术进步对于经济成长、质量提升是最潜在的有效要素。技术进步对产出的贡献度越大，经济成长的质量就越高。

三 可持续港口竞争力的评价方法

（一）动态效率和可持续港口竞争力的关系

“效率”说的是经济主体对所拥有的资源的利用程度，表示投入增加或者减少对产出能力的影响程度。有效率的港口指的是比别的港口在成本最小化、产出最大化、资源配置最优化层面所具有的竞争优势。也就是说，“港口效率”作为港口竞争力构成要素，从一个层面可以评价港口竞争力。

港口效率对港口竞争力的影响主要是指港口效率怎样改善从而港口实现最优生产状态并达到生产率有效，即港口效率的提升是通过动态战略实现资源最优化配置、管理经营最优从而创造出竞争优势的过程。港口竞争力的提升指的是创新港口技术、节约经营成本、完善制度管理，以及充分利用腹地经济发展机遇等层面上的效率改善。

港口的技术效率是港口效率的基础，港口技术效率的水平反映了港口资源利用效果和产出能力等领域的经营能力，可以集中地反映港口竞争力的水平。从短期来看，静态效率是在特定时间点达成的效率；从长期来看，动态效率（Dynamic efficiency）是特定时间内随着时间的变化效率的动态变化的集合。曼姆奎斯特生产率指数（Malmquist productivity index）以距离函数为媒介，利用非参数的方法评价技术效率的变化和技术进步的变化。

随着时间变化的生产率的动态变化（Dynamic change）可以利用曼姆奎斯特生产率指数来评价。曼姆奎斯特生产率指数对于生产率变化的原因可以分解为技术进步要素和技术效率要素。技术进步指的是港口技术效率、港口规模效率、港口环境改善等。技术进步可以实现资源配置最优化，是保持可持续港口竞争力的根本性的动力要素。

（二）技术进步和可持续港口竞争力的关系

狭义的技术进步指的是生产流程、中间材料投入以及生产技术能力等领域的创新和改造，即通过落后设备改造和引进新技术提高劳动生产率和降低成本。广义的技术进步指的是科学技术进步和资源配置效率的提高。[①] 科学技术进步通过技术创新形成生产技术的进步，提供多样化的产品和差别化服务，实现品质改善等。资源配置效率提高指的是通过管理创新以实现管理水平的提高，比如健全金融市场、开拓新市场、社会制度变迁、政府政策改革等。

技术进步属于非资源型的投入要素，对提高生产力来说可以看作是集约型增长要素。技术进步对经济增长的贡献度越大，就越能摆脱对资源的依赖和制约，就可以维持持续增长从而实现可持续竞争力。

1. 技术进步和技术效率

技术进步和技术效率的改善都可以提高生产力。技术效率表示的是对现有资源的有效利用程度，在给定的生产技术状态下产出相对投入最大增长的能力或者在给定的市场价格下，通过投入要素的最优配置，实现投入成本的最小化或产出收益最大化的能力。技术进步在投入要素中通过提高技术的边际替代收益从而节约投入资源并提高生产效率，以实现降低投入成本和增加产出收益的目标。也就是说，技术进步通过生产技术的创新和生产方式的转型升级，可以扩大产出规模并提升生产能力，而技术效率的提高是通过资源再配置来提升生产能力。

港口经营效率指的是因为技术进步、港口基础设施和装备的先进化、自动化、信息化、智能化等引起的生产效率的大幅提升。另外，港口通过对人力资源结构的调整，实现服务多样化和服务质量提升等生产要素的再配置，也可以实现产出效率的提高。

---

① 李子奈：《管理创新在经济增长中贡献的定量分析》，第七届中国数量经济学学会，2001 年。

2. 技术进步和规模效率

企业的成本一般可分为固定成本和可变成本。规模经济指的是其企业产出规模在达到一定水平后，因生产要素的有效组合而产生的规模收益递增效应，即扩大生产规模后相对于总的生产成本，因为固定成本不变，所以降低了平均生产成本从而获得更多的收益。规模不经济指的是生产规模达到某一最优规模后，因为投入要素配置的不合理，可能产生投入冗余、产出组合不合理、管理经营效率低下等所导致的投入增长率比产出增长率高的情况。

规模效率指的是实际生产规模远离或者接近最优生产规模时所引起的生产率的变化。港口在吞吐量增加后，因为固定基础设施投入成本不变，所以吞吐量越多，港口的规模经济收益也就越大。港口经济因为存在规模经济效应，所以港口企业应通过追求规模经济收益来提升港口竞争力。另外，对于港口企业来说，非资源型的投入要素引起的技术进步对产出的贡献度越高，港口规模效率就越高，港口的竞争力也就越强。

3. 技术进步和环境改善

环境成本又称环境降级成本，是指由于经济活动造成环境污染而使环境服务功能质量下降所支付的代价。环境降级成本分为环境保护支出和环境退化成本，环境保护支出指为保护环境而实际支付的价值，环境退化成本指环境污染损失的价值和为保护环境应该支付的价值。自然环境主要提供生存空间和生态效能，具有长期、多次使用的特征，也类似于固定资产使用特征。这样，由经济活动的污染造成环境质量下降的代价即环境降级成本，也就具有“固定资产折旧”的性质。①

如果经济成长是以资源消耗和环境破坏为代价的，那么经济成长的质量就会降低，从而导致产出效率降低。环境污染导致的环境降级成本、环境质量的成本对产出效率产生负面的影响，但是污染处理投资和环境保护投资对产出效率产生正面的影响。

技术进步指的是港口一方面通过加速作业装备的现代化、自动化和信息化进程来提高作业效率从而扩大产出，另一方面通过加速清洁燃料开发研究、提高能源利用率、减少废弃物排放、使用再生能源等绿色技

① 百度百科，http：//baike. baidu. com。

术从而降低成本，最终实现港口产出最大化或者成本最小化以提升港口竞争力。

综上所述，技术进步可以促进港口实现技术效率和规模效率，并且对港口环境改善发挥正面影响。因此，港口企业通过技术进步实现港口资源配置最优化，是港口竞争力得以持续维持的根本性动力要素。

（三）效率分析方法的相关理论背景

1. DEA-Malmquist Model

效率指的是经济活动的成本和收益之比，强调的是投入和产出的比例关系，反映了社会资源的配置水平和人们的效率满意程度，代表了经济单位的收益能力、竞争能力和可持续发展能力。效率评价指的是把效率作为成功的指标，对生产组织的成果进行评价。效率差异分析和成果改善对生产组织的政策制定、战略调整具有积极的意义。

效率评价方法主要有比率分析（ratio analysis approach）、回归分析法（regression analysis approach）、全要素生产率分析法（productivity index approach）、成本收益分析法（cost-benefit analysis）、生产前沿分析法（stochastic frontier model）、数据包络分析法 DEA（data envelopment analysis。

DEA 是 Data envelope analyse 的缩写，即数据包络分析。DEA 有效性与相应的多目标规划问题的 pareto 有效解（或非支配解）是等价的。数据包络分析可以看作是一种统计分析的新方法，它是根据一组关于输入—输出的观察值来估计有效生产前沿面的。

DEA 效率分析的前提条件是比较在特定时点类似状况下的多数观测点间的投入和产出的相对比率。因而，无法评价不同时间点间交错的效率。相反，生产率变化分析（productivity growth analysis）可以评价随着时间变化投入和产出的比率增加或者减少的程度。

曼姆奎斯特生产率指数是利用 DEA 面板资料，评价依据时间变化的生产率的动态变化（dynamic change），也就是可以评价动态效率。曼姆奎斯特生产率指数以距离函数为媒介，用非参数的方法表示技术效率的变化和技术进步的变化。

因此，本书利用 DEA 面板数据，利用曼姆奎斯特生产率指数的评价方法作为动态的效率指标，分析可以决定港口可持续竞争力的内在技术效率和技术进步的动态变化差异，从而把握港口竞争力的影响要素。

2. DEA 方法论的相关基础模型

DEA－CCR 模型是 Charnes，Cooper and Rhodes① 提出的假定规模收益不变的 DEA 模型。DEA－CCR 模型假定规模收益不变（constant return to scale，CRS）导出的模型，所以不能区分规模效率和纯技术效率。为了克服这一局限性，Banker，Charnes and Cooper② 以 CCR 模型为基础，假定规模收益可变（variable return to scale，VRS）开发出了 DEA－BCC 模型。

规模效率是以存在实际的生产边界和最佳生产规模为前提的，以实际生产边界和最佳生产规模之间的距离来测算的。距离越远，规模效率就越低，距离越近，规模效率就越高。假定可变规模收益测算出的技术效率也叫作纯技术效率；假定不变规模收益测算出的技术效率可以用假定可变规模收益测算出的纯技术效率和规模效率的乘积来表示。

图 4－2 比较了假定规模收益不变（CRS）的 CCR 模型和假定规模收益可变（VRS）的 BCC 单纯模型。假定 1 个投入要素和 1 个产出要素，*A* 点 、*B* 点、*C* 点、*D* 点是四个给定的观测值，依据自由处分公理，生产可能区域是给定的投入和产出观测点右下方的面积。

在这里，如果假定规模收益不变，可能的生产点是随着观测点的投入规模增加或减少的比例而变化的，在 CCR 模型里，生产可能区域是在观测值中间产出和投入比率最高的观测点与原点连接的射线的右侧领域，生产边界就是 *OC*。

在假定不变规模收益的 BCC 模型里，根据最适生产方式结合可能的凸性假定，生产可能领域是 BCD 线右下方的面积，生产边界就是 BCD.

在图 4－2 里，*P*（CRS）是规模收益不变即 CRS 假定下的生产边界，*P*（VRS）是规模收益可变 VRS 假定下的生产边界。没有处于生产边界上的生产可能观测点向左移动可以减少投入要素并保持同样的产出

① Charnes, Cooper and Rhodes, "Measuring the Efficiency of Decision Making Units," *European Journal of Operational Research*, 2（6）: 429-444.

② Banker, Charnes and Cooper, "Some Models for Estimating Technical and Scale Inefficiencies in Data Envelopment Analysis," *Management Science*, 30（9）: 1078-1092.

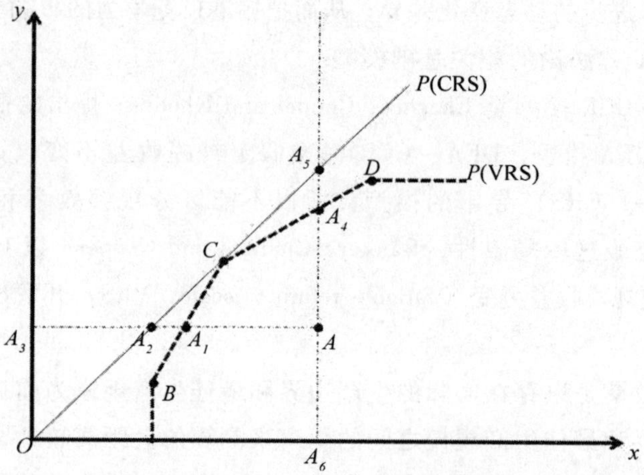

图 4－2　CCR 模型和 BCC 模型的比较

量，向上方移动在不增加投入要素的情况下可以增加产出量，这说明这个生产可能观测点是非有效点。因此，观测点 A 在 CCR 模型和 BCC 模型里都是非有效点。C 点在 CCR 模型和 BCC 模型里都是有效点，B 点和 D 点在 BCC 模型里是有效点，但是在 CCR 模型里是非有效点。

在 CCR 模型里为了改善 A 点的非有效状态，以投入为基准看，A 点应该向着 P（CRS）生产边界上的投影点 A_2 移动，这时可以减少 AA_2 之间的投入量，但是产出不变。于是，A 点的效率值在 CCR 模型里可以用 A_3A_2/A_3A 的比值来表示。

BCC 模型里 A 点的非有效可以通过向 P（VRS）生产边界的投影点 A_1 移动得到改善，减少 AA_1 之间的投入量，在 BCC 模型里 A 点的效率值可以用 A_3A_1/A_3A 的比值来表示。

从基础投入分析来看，距离 A_2A_1 因为存在投入冗余，没能达到最优生产规模，出现规模效率非有效。A 点的规模效率值可以用 A_3A_2/A_3A_1 的比值来表示。在假定 CRS 的 CCR 模型里，A 点的效率值可以用 $\theta_A^{CRS} = A_3A_2/A_3A$ 来表示；假定 VRS 的 BCC 模型里，A 点的效率也叫作纯效率（Pure technical efficiency），纯效率（PE）乘上规模效率（SE）可以得到 CRS 模型里的效率。$\theta_A^{CRS} = PE_A$，$\theta_A^{CRS} = SE_A \times PE_A = SE_A \times \theta_A^{VRS}$。$\theta_A^{VRS} = A_3A_1/A_3A$。A 点的规模效率可以用 $SE_A = \theta_A^{CRS}/\theta_A^{VRS} = A_3A_2/$

A_3A_1 来表示。

另外，基于产出分析来看，在 CCR 模型里 A 点的效率可以用 $Ø_A^{VRS} = A_5A_6/AA_6$ 来表示 。在 BCC 模型里 A 点的效率可以用 $Ø_A^{VRS} = A_4A_6/AA_6$ 来表示 。基于产出分析时，A 点的规模效率可以用 $SE_A = Ø_A^{CRS}/Ø_A^{VRS} = A_5A_6/A_4A_6$ 来表示。因而，基于产出分析时，距离 A_5A_4 是产出不足而导致的规模效率非有效的原因。

3. DEA 方向距离函数模型

技术效率指的是前面说明的 DEA – CCR 模型和 DEA – BCC 模型以基于投入或者产出分析时各自投入减少的比率或者产出扩大的比率。当基于投入或者产出的方向不确定时，投入和产出同时可以变化的 DEA 模型被称作方向距离函数模型。方向距离函数模型是仅仅依据分析者强制的方向向量来改善非效率的方法。依据方向向量的投入—产出改善如下：

$$\begin{pmatrix} x_m^* \\ y_n^* \end{pmatrix} = \begin{pmatrix} x_m - \theta d_m^* \\ y_n + \theta d_n^* \end{pmatrix} \quad (4-1)$$

x_m 指的是 M 个投入物 x 中第 m 个投入物，Y_n 指的是 N 个产出物 y 中第 n 个产出物。θ 是依据方向向量投入减少的比率或者产出扩大的比率。θd_m^* 是第 m 个投入物减少的量，θd_n^* 是第 n 个产出物增加的量。如果 $\theta d_m^* = 0$，就是基于产出的 *DEA* 模型，如果 $\theta d_n^* = 0$，就是基于投入的 DEA 模型。

如图 4 – 3 所示，A、B、C 三点都是非有效点，比如，为了改善 B 点的非有效，应该将其按照箭头指示的方向移动到生产边界上的 E 点。这个时候投入要素需要减少的距离为 X_EX_B，产出要素需要增加的距离为 Y_EY_B。

4. 生产率变化分析（productivity growth analysis）

李正东、吴东宪①把生产率定义为投入和产出的比率。生产率和效率是类似的概念，效率是实际效率和最有效的分析对象相比的相对值，生产率是投入和产出的比值，是绝对值。生产率变化分析（productivity

① 李正东、吴东宪：《效率分析理论》，韩国 JP Media 出版社 2012 年版，第 215—237 页。

growth analysis）是对两个时点生产率变化了多少的分析，一般指的是现在时点的生产率和前时点生产率的比率。假定投入和产出为单一要素的生产率变化模型如图 4－4 所示。

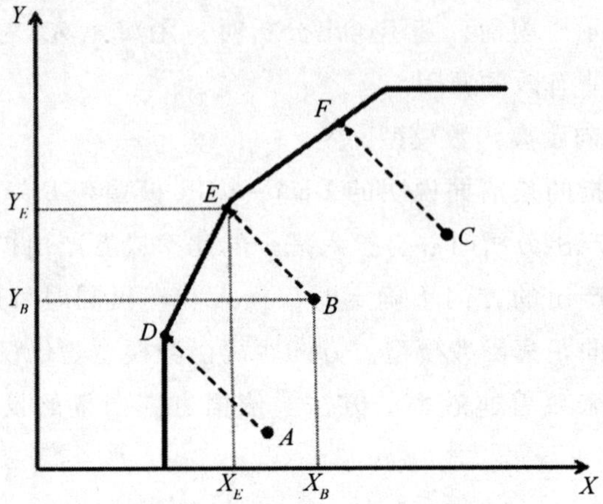

图 4－3　方向距离函数的含义

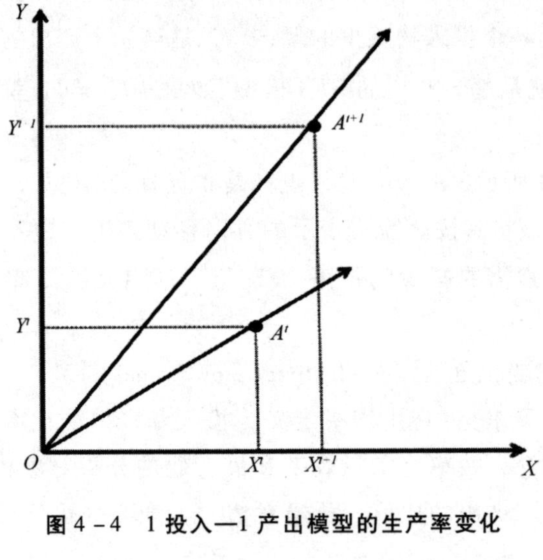

图 4－4　1 投入—1 产出模型的生产率变化

生产率变化指数的数学公式表现如下：

$$\Delta = \frac{y^{t+1}/x^{t+1}}{y^{t}/x^{t}} \tag{4-2}$$

公式（4－2）适用于简单的投入和产出为单一要素的情况。但是，多数投入和多数产出的情况，上述公式无法表示。曼姆奎斯特生产率指数解决了这样的问题。

5. 曼姆奎斯特生产率指数（Malmquist producitivity index）

曼姆奎斯特生产率指数利用距离函数的原理定义了生产率的变化。曼姆奎斯特生产率指数可以用四个距离函数来计算求解。即是 $t-1$ 期观测值是 t 期生产边界和 t 期生产边界的距离，$t+1$ 期观测值是 t 期生产边界和 $t+1$ 期生产边界的距离（如图 4－5 所示）。曼姆奎斯特生产率指数具有可以分解为技术效率变化和技术进步变化的优点。

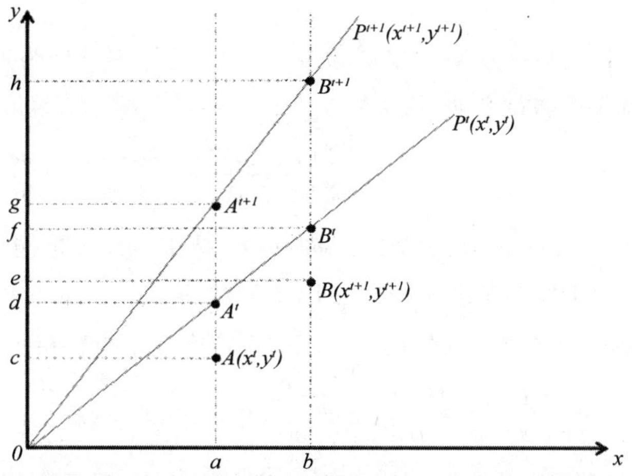

图 4－5　1 投入—1 产出 CRS 模型里的曼姆奎斯特生产率指数

在图 4－5 里，$A(x^{t}, y^{t})$，$B(x^{t+1}, y^{t+1})$ 分别是 t 期观测值和 $t+1$ 期观测值，$P^{t}(x^{t}, y^{t})$，$P^{t+1}(x^{t+1}, y^{t+1})$ 分别是 t 期和 $t+1$ 期的生产边界。

把各时期投入产出的比率定义为生产率变化（Δ），A 点和 B 点的生产率变化可以表示如下：

$$\Delta = \frac{y^{t+1}/x^{t+1}}{y^t/x^t} = \frac{oe/ob}{oc/oa} = \frac{oe}{oc}\frac{oa}{ob} \qquad (4-3)$$

首先，A 和 B 点 t 期为基准的效率 A^t和 B^t的距离函数可以表示如下。

$$D_0^t(x^t, y^t) = \frac{oc}{od}, D_o^t(x^{t+1}, y^{t+1}) = \frac{oe}{of} \qquad (4-4)$$

从而以 t 期的生产边界 P^t（x^t，y^t）为基准算出的基于产出的曼姆奎斯特生产率指数可以表示如下：

$$M_0^t(x^t, y^t, x^{t+1}, y^{t+1}) = \frac{D_o^t(x^{t+1}, y^{t+1})}{D_0^t(x^t, y^t)} = \frac{oe/of}{oc/od} = \frac{oe}{oc}\frac{od}{of} \qquad (4-5)$$

在这里利用三角形相似的特征，$oa/ob = od/of$ 成立，式（4－3）和式（4－5）t 期的生产率变化指数（Δ）和曼姆奎斯特生产率变化指数 $M_0^t(x^t, y^t, x^{t+1}, y^{t+1})$相同。

$$\Delta = \frac{y^{t+1}/x^{t+1}}{y^t/x^t} = \frac{D_o^t(x^{t+1}, y^{t+1})}{D_0^t(x^t, y^t)} = M_0^t(x^t, y^t, x^{t+1}, y^{t+1}) \qquad (4-6)$$

其次，以（$t+1$）期的生产边界 P^{t+1}（x^{t+1}，y^{t+1}）为基准表示的曼姆奎斯特生产率指数如下：

$$M_0^{t+1}(x^t, y^t, x^{t+1}, y^{t+1}) = \frac{D_o^{t+1}(x^{t+1}, y^{t+1})}{D_0^{t+1}(x^t, y^t)} = \frac{oe/oh}{oc/og} = \frac{oe}{oc}\frac{og}{oh} \qquad (4-7)$$

再利用三角形相似的特征，$oa/ob = oh$ 成立，式（4－3）和式（4－7）以 $t+1$ 期为基准求得的生产率指数 $M_0^t(x^t, y^t, x^{t+1}, y^{t+1})$，与在 A 点和 B 点期间用产出投入的比率表示的生产率变化指数相同。

$$\Delta = \frac{y^{t+1}/x^{t+1}}{y^t/x^t} = \frac{D_o^{t+1}(x^{t+1}, y^{t+1})}{D_0^{t+1}(x^t, y^t)} = M_0^{t+1}(x^t, y^t, x^{t+1}, y^{t+1}) \qquad (4-8)$$

曼姆奎斯特生产率指数比 1 大，基于产出分析来看，表示相比 t 期，$t+1$ 期产出—投入的比率增加，假定投入不变，则意味着 $t+1$ 期的产出增加，生产率有所提升。另外，从基于投入分析来看，比起 t 期，$t+1$ 期的产出和投入的比率下降，假定产出不变，则意味着投入减少，生产率有所提升。当曼姆奎斯特生产率指数等于 1 时，则意味着生产率没有变化。当曼姆奎斯特生产率指数小于 1 时，则意味着存在投入冗余或者产出不足的情况，比起 t 期，$t+1$ 期的生产率有所下降。

图 4－4 表示的是 1 个投入要素和 1 个产出要素的单纯状况的生产率

变化指数，可以用 t 期、$t+1$ 期的生产边界来计算曼姆奎斯特生产率变化指数，但是在多投入和多产出存在的情况下，则无法得出这样的结论。为了解决这个问题，把以各时期的技术水平为基准求得的曼姆奎斯特生产率变化指数几何平均，得到的曼姆奎斯特生产率变化指数表示如下。

$$M_0^{t,t+1}(x^t,y^t,x^{t+1},y^{t+1}) = \sqrt{M_0^t M_0^{t+1}} = \sqrt{\frac{D_0^t(x^{t+1},y^{t+1})}{D_0^t(x^t,y^t)} \frac{D_0^{t+1}(x^{t+1},y^{t+1})}{D_0^{t+1}(x^t,y^t)}} \tag{4-9}$$

图 4－5 是在假定规模收益不变，1 个投入要素和 1 个产出要素模型下求出的基于产出分析的曼姆奎斯特生产率变化指数。在多投入和多产出的情况下，t 期和 $t+1$ 期的生产可能集合利用观测到的投入—产出资料可以找到。生产可能集合的寻找方法很多，但是如果假定自由处分性、凸性、可变规模收益、不变规模收益，利用观测点的线性结合方式可以表示出生产边界，那么，以 DEA 距离函数模型为基础也可以适用于曼姆奎斯特 DEA 模型（如图 4－6 所示）。

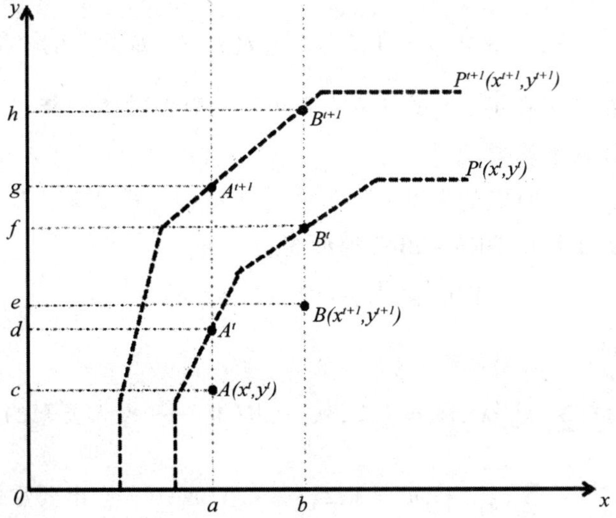

图 4－6　基于产出分析的曼姆奎斯特 DEA－BCC 模型的描述

首先，假定可变规模收益，且投入和产出为单一要素的情况，利用 DEA－BCC 模型可以求出曼姆奎斯特指数。

以第 K 个观测值为中心分析时，t 期和 $t+1$ 期基于产出分析的同点距离函数可以用 BCC 模型表示如下：

$$[D_0^t(x^{k,t}, y^{k,t})]^{-1} = \max \varnothing^k \tag{4-10}$$

Subject to

$$x_m^{k,t} \geqslant \sum_{j=1}^{J} x_m^{j,t} \lambda^j, m = 1,2,3,\cdots,M(M\text{—— 投入要素的个数})$$

$$\varnothing^k y_n^{k,t} \leqslant \sum_{j=1}^{J} y_n^{j,t} \lambda^j, n = 1,2,3,\cdots,N(N\text{—— 产出要素的个数})$$

$$\sum_{j=1}^{J} \lambda^j = 1, \lambda^j \geqslant 0, j = 1,2,3,\cdots,J(J\text{—— 观测值的个数})$$

$$[D_o^{t+1}(x^{t+1}, y^{t+1})]^{-1} = \max \varnothing^k \tag{4-11}$$

Subject to

$$x_m^{k,t+1} \geqslant \sum_{j=1}^{J} x_m^{j,t+1} \lambda^j, m = 1,2,3,\cdots,M(M\text{—— 投入要素的个数})$$

$$\varnothing^k y_n^{k,t+1} \leqslant \sum_{j=1}^{J} y_n^{j,t+1} \lambda^j, n = 1,2,3,\cdots,N(N\text{—— 产出要素的个数})$$

$$\sum_{j=1}^{J} \lambda^j = 1, \lambda^j \geqslant 0, j = 1,2,3,\cdots,J(J\text{—— 观测值的个数})$$

λ^j 是结合了在第 j 个观测值生产边界上有效的生产技术所表示的结合比率的加权平均值。

另外，两个时点的观测值和生产可能集合互相交叉，基于产出的不同时点距离函数用 DEA－BCC 模型表示如下：

$$[D_0^t(x^{k,t+1}, y^{k,t+1})]^{-1} = \max \varnothing^k \tag{4-12}$$

Subject to

$$x_m^{k,t+1} \geqslant \sum_{j=1}^{J} x_m^{j,t} \lambda^j, m = 1,2,3,\cdots,M(M\text{—— 投入要素的个数})$$

$$\varnothing^k y_n^{k,t+1} \leqslant \sum_{j=1}^{J} y_n^{j,t} \lambda^j, n = 1,2,3,\cdots,N(N\text{—— 产出要素的个数})$$

$$\sum_{j=1}^{J} \lambda^j = 1, \lambda^j \geqslant 0, j = 1,2,3,\cdots,J(J\text{—— 观测值的个数})$$

$$[D_o^{t+1}(x^{t+1}, y^{t+1})]^{-1} = \max \varnothing^k \tag{4-13}$$

Subject to

$$x_m^{k,t} \geqslant \sum_{j=1}^{J} x_m^{j,t+1} \lambda^j, m = 1,2,3,\cdots,M(M\text{—— 投入要素的个数})$$

$$\emptyset^k y_n^t \leqslant \sum_{j=1}^{J} y_n^{j,t+1} \lambda^j, n = 1,2,3,\cdots,N(N\text{—— 产出要素的个数})$$

$$\sum_{j=1}^{J} \lambda^j = 1, \lambda^j \geqslant 0, j = 1,2,3,\cdots,J(J\text{—— 观测值的个数})$$

6. 曼姆奎斯特生产率指数的分解

效率变化率（rate of efficiency change）被简称为 EC，这时第 K 个观测值距离各个时点生产边界的远近就可以相对的比较，假如 t 期和 $t+1$ 期之间第 K 个观测值比起以前的时点离生产边界变远的话，则意味着生产效率有所下降；相反，变近的话则意味着生产效率有所提升。

$$EC = \frac{D_o^t(x^{t+1}, y^{t+1})}{D_0^t(x^t, y^t)} = \frac{oe/oh}{oc/od} \tag{4-14}$$

EC 是第 K 个观测值在各个时点和生产边界距离的相对比较。这个距离越远有效性就越低，越近就越有效。即如果 $EC > 1$，第 K 个观测值比起以前的时点，距离现在的 $t+1$ 期的生产边界更近，更接近有效的生产技术。如果 $EC < 1$，第 K 个观测值比起以前的时点，距离现在 $t+1$ 期的生产边界更远，则更落后于有效的生产技术。如果 $EC = 1$，第 K 个观测值距离以前的时点 t 和现在 $t+1$ 期的生产边界一样，则意味着生产技术没有变化。

技术变化率（rate of technical change）被简称为 TC，这个可以依据 t 期的观测值 TC^t 为基准测算出来，也可以依据 $t+1$ 期的观测值 TC^{t+1} 为基准测算出来，这两个值的几何平均数为技术变化率。①

$$\begin{aligned} TC &= [TC^t\ TC^{t+1}] = M_0^{t,t+1}(x^t, y^t, x^{t+1}, y^{t+1}) \\ &= \left[\frac{D_o^t(x^t, y^t)}{D_0^{t+1}(x^t, y^t)} \frac{D_o^t(x^{t+1}, y^{t+1})}{D_0^{t+1}(x^{t+1}, y^{t+1})}\right]^{1/2} \\ &= \left[\frac{\frac{oc}{od}\frac{oe}{of}}{\frac{oc}{og}\frac{oc}{oh}}\right]^{1/2} = \left[\frac{og}{od}\frac{oh}{of}\right]^{1/2} = \sqrt{\frac{og}{od}\frac{oh}{of}} \end{aligned} \tag{4-15}$$

① 李正东、吴东宪：《效率分析理论》，韩国 JP Media 出版社 2012 年版，第 215—237 页。

TC（技术变化率）表示的是以前 t 期和现在 $t+1$ 期生产边界的变化。如果 $TC>1$，发生了技术进步，以同样的投入水平可以得到更多的产出。如果 $TC<1$，发生了技术退步，以同样的投入水平得到更少的产出。如果 $TC=1$，没有技术变化，以同样的投入水平得到同样的产出。

如前定义所述，产出指向的几何平均生产率指数可以分解如下。

$$
\begin{aligned}
M_0^{t,t+1}(x^t,y^t,x^{t+1},y^{t+1}) &= \sqrt{M_0^t M_0^{t+1}} \\
&= \sqrt{\frac{D_0^t(x^{t+1},y^{t+1})}{D_0^t(x^t,y^t)}\frac{D_0^{t+1}(x^{t+1},y^{t+1})}{D_0^{t+1}(x^t,y^t)}} \\
&= \sqrt{\frac{oe}{oc}\frac{og}{oh}\frac{oe}{oc}\frac{od}{of}} = \sqrt{\frac{oe}{oh}\frac{od}{oc}\frac{oe}{oh}\frac{od}{oc}\frac{og}{od}\frac{oh}{of}} \qquad (4-16) \\
&= \frac{oe/oh}{oc/od}\sqrt{\frac{og}{oh}\frac{oh}{of}} \\
&= EC \times TC
\end{aligned}
$$

也就是说，曼姆奎斯特生产率指数可以用效率变化率（rate of efficiency change，EC）和技术变化率（rate of technical change，TC）的乘积得到。

第三节　青岛港可持续竞争力评价

以上分析从吞吐量增加、效率改善、环境改善三个层面导出了可持续港口竞争力的评价指标。吞吐量增加越多，港口的可持续竞争力就越强。技术效率的改善表示投入减少或者产出扩大等对提高港口生产力的影响程度，港口生产效率越是接近于帕累托最优（Pareto Optimality）产出量，就说明港口的生产效率向着善的方向改进。环境改善对保障维持港口的安全性提供了有利的外部环境，环境改善越显著，港口的安全性也就越有保障，港口的竞争力就越能够得到持续维持。

前面观察了青岛港的发展现状和战略目标，分析了青岛港的可持续竞争力。青岛港在专业化、大型化码头建设、吞吐量持续增长、物流服务水平提升、绿色港口建设、可持续发展、与腹地经济互动增长、区域枢纽港建设等领域已经取得了相当的成就。

下面将分别从吞吐量实绩、效率改善和环境改善三个层面对青岛港的可持续竞争力进行评价，进而导出青岛港竞争力的变化趋势，从而判断出青岛港竞争力的可持续性。

一　青岛港吞吐量实绩

2000—2015 年，青岛港的货物吞吐量从 8636 万吨增长到了 43000 万吨，增长了 5 倍，年平均增长率为 11.4%；集装箱吞吐量从 212 万 TEU 增长到了 1734 万 TEU，增长了 8.2 倍，年平均增长率为 15.4% 。其中，2015 年青岛港的集装箱吞吐量排名位居中国第四，世界第七，取得了巨大的成就。

表 4 - 4　　2000—2015 年青岛港吞吐量一览表

年度	货物吞吐量（万吨）	集装箱吞吐量（万 TEU）
2000	8636	212
2001	10398	264
2002	12213	341
2003	14090	424
2004	16265	514
2005	18678	631
2006	22415	770
2007	26502	946
2008	30029	1002
2009	31546	1026
2010	35012	1201
2011	37230	1302
2012	40690	1450
2013	45000	1552
2014	47700	1658
2015	43000	1734
2000—2015	增长倍数：5.0	增长倍数：8.2

一方面，从增长率分析来看，2000—2013 年青岛港的年平均增长率为 16.9%，与中国七大集装箱港口年平均增长率 17.5% 基本持平，但是在 2007—2012 年间青岛港的吞吐量增长率年平均为 10.7%，高于中国七大集装箱港口的年平均增长率 9.2%。如表 4 - 5 所示，

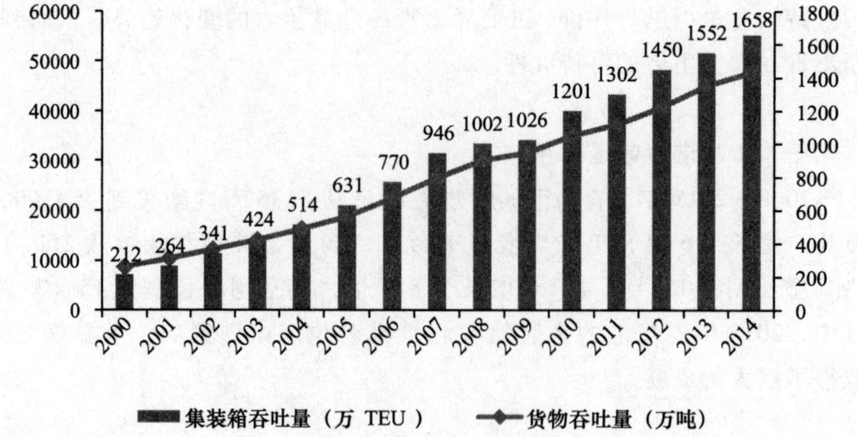

图 4－7　2000—2014 年青岛港货物和集装箱吞吐量变化趋势

表 4－5　**青岛港与中国七大集装箱港的集装箱吞吐量增长率比较**　（万 TEU；%）

	集装箱吞吐量增长率		
	青岛港		中国七大港口合计
2001	264	24.5	19.9
2002	341	29.2	36.4
2003	424	24.3	32.5
2004	514	21.3	28.3
2005	631	22.7	23.0
2006	770	22.1	23.2
2007	946	22.9	22.1
2008	1002	5.9	9.4
2009	1026	2.4	-6.3
2010	1201	17.1	18.2
2011	1302	8.4	9.2
2012	1450	11.4	6.0
2013	1552	7.0	5.7
平均		16.9	17.5

资料来源：据《中国港口统计年鉴》年度资料整理。

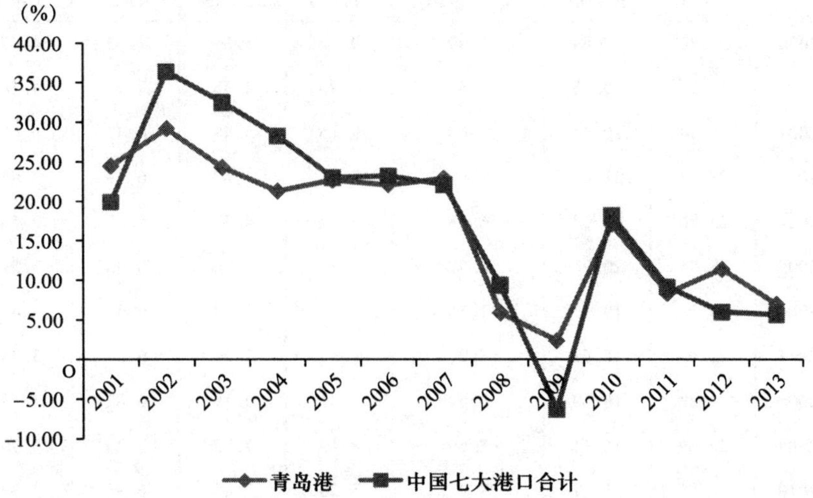

图4-8 2000—2013年青岛港与中国七大港口集装箱吞吐量增长率变化趋势

2009年中国七大集装箱港口的吞吐量出现了6.3%的负增长，与此相反，青岛港的吞吐量呈现出2.4%的增长。通过上述数据可以看出，在2008年因世界金融危机导致全球海运吞吐量增长速度减缓的环境下，青岛港的吞吐量相比其他港口没有大幅锐减，充分说明青岛港在集装箱吞吐量上具有强大的竞争力。

另一方面，从市场占有率来分析，2000—2013年，中国七大集装箱港口的年平均市场占有率，上海港最高，为21.9%；深圳港第二，为17.6%；青岛港第三，为8.5%；宁波·舟山港为7.3%；天津港为6.8%，广州港为6.4%，大连港为3.9%。青岛港集装箱吞吐量位居中国第三，名列前茅。

综上所述，青岛港在2015年集装箱吞吐量排名位居中国第四，世界第七，取得了巨大成绩。其次，2000—2013年，青岛港集装箱吞吐量年平均增长率为16.9%，保持了长期稳定的高增长势头。另外，2000—2013年，青岛港集装箱吞吐量年平均市场占有率为8.52%，在中国排名第三。特别是在2008年世界金融危机发生以后，青岛港的

表 4-6　　2000—2013 年中国七大集装箱港口市场占有率　　(%)

	上海港	深圳港	宁波·舟山港	青岛港	广州港	天津港	大连港
2000	24.80	17.65	3.99	9.37	5.37	7.55	4.47
2001	23.79	19.05	4.55	9.90	4.38	7.54	4.54
2002	23.14	20.46	5.00	9.16	4.48	6.47	3.63
2003	23.18	21.81	5.68	8.71	4.47	6.19	3.45
2004	23.56	22.03	6.48	8.32	4.37	6.17	3.58
2005	23.91	20.70	6.89	8.34	5.00	6.35	3.51
2006	23.19	19.73	7.55	8.23	5.79	6.36	3.43
2007	22.94	18.51	8.27	8.30	7.21	6.23	3.34
2008	21.82	16.69	8.52	7.81	9.11	6.62	3.53
2009	20.69	15.11	8.69	8.49	7.72	7.20	3.79
2010	20.05	15.52	9.07	8.28	7.65	6.96	3.63
2011	19.35	13.76	8.98	7.94	8.07	7.07	3.90
2012	18.43	13.00	9.16	8.22	7.84	6.97	4.54
2013	17.88	12.38	9.22	8.26	8.14	6.91	5.33
平均	21.91	17.60	7.29	8.52	6.40	6.76	3.90

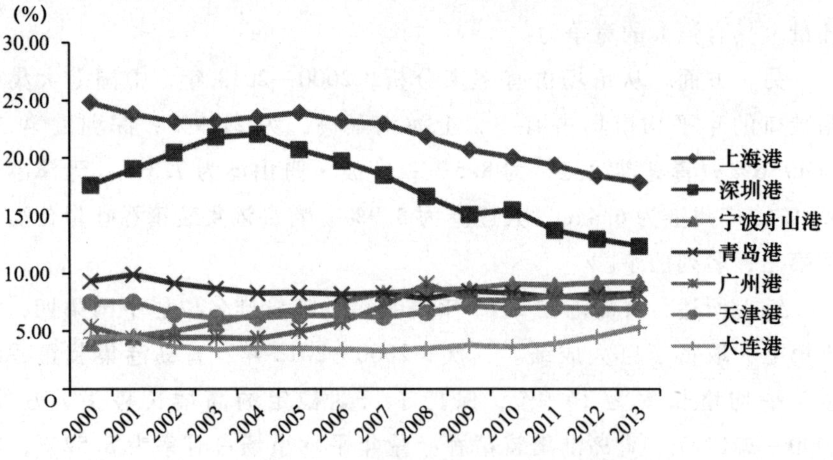

图 4-9　中国七大集装箱港口吞吐量市场占有率变化趋势

集装箱吞吐量增长率高于中国七大集装箱港口的平均增长率，保持了相对稳定的市场占有率。以上数据充分说明青岛港在港口吞吐量持续稳定增长方面具有相当的竞争力。

二 青岛港港口效率分析

港口生产率的变化表示港口内在经营管理的有效程度，可以看作是港口竞争力质量层面的评价指标。港口生产率的变化具体是指港口为了适应港口环境的变化并保持内外部资源与环境间的和谐关系，通过一系列动态战略的实施以实现资源配置最优化，达到投入最小化或产出最大化的最优生产状态，并在吞吐量市场占有率上保持竞争优势，这样一系列战略实施和竞争优势积累的过程就代表了可持续港口竞争力的变化趋势。因此，只要分析2000—2012年中国七大集装箱港口的生产率变化，导出港口质量增长方面的变化轨迹，就可以评价港口可持续竞争力的状态。

为了分析青岛港经营管理效率的相关影响因素，本书利用中国七大集装箱港口2007—2012年的面板数据，分析了中国七大集装箱港口曼姆奎斯特生产率变化指数（*MPI*）。曼姆奎斯特生产率变化指数可以分解为技术效率的变化率（EC）和技术进步变化率（TE）。当 $MPI > 1$ 时，说明两个期间的全要素生产率水平得到提高；当 $MPI < 1$ 时，说明两个期间的全要素生产率水平有所下降；当 $MPI = 1$ 时，说明两个期间的全要素生产率水平没有变化。本书利用DEAP Version 2.1软件，计算Malmquist - DEA生产率变化率、技术效率和规模效率。

（一）投入变量和产出变量的选取

投入参数和产出参数的设定应该依据研究目的和研究对象设定。本书为了评价港口的生产率变化，采用了中国七大港口2000—2012年港口集装箱码头的经营效率相关的数据即集装箱泊位数、码头大型装卸设备的数量和员工人数以及腹地经济发展水平四大投入要素作为投入变量，将港口集装箱的吞吐量产出要素设定为产出变量。

表 4-7　　投入变量和产出变量的选取

指标类型	
投入变量	万吨以上泊位数
	装卸设备（桥吊和轮胎吊）
	员工人数
	腹地 GDP
产出变量	集装箱吞吐量

表 4-8　　中国七大港口 2000—2012 年的原始数据

年度	港口名称	产出指标	投入指标			
		集装箱吞吐量（万 TEU）	万吨以上泊位数（个）	大型装卸设备（台）	员工（名）	腹地 GDP（亿元）
2007	上海	2615	80	474	4859	25741
	深圳	2110	62	369	4648	78966
	宁波·舟山	943	84	191	3291	18780
	青岛	946	48	127	1531	25966
	广州	926	61	235	3082	31084
	天津	710	71	130	4200	13607
	大连	381	74	101	1123	11023
2008	上海	2801	137	481	4883	30982
	深圳	2142	64	396	4658	88533
	宁波·舟山	1093	94	229	3305	21463
	青岛	1002	48	139	1741	30933
	广州	1100	56	270	3061	36797
	天津	850	75	130	3741	16012
	大连	453	76	118	1110	13669
2009	上海	2500	148	481	4675	34457
	深圳	1825	67	402	4577	97963
	宁波·舟山	1050	108	269	3551	22990
	青岛	1026	57	141	1832	33897
	广州	1120	58	285	2713	39483
	天津	870	80	130	3756	17235
	大连	458	78	121	1243	15212

续表

年度	港口名称	产出指标	投入指标			
		集装箱吞吐量（万 TEU）	万吨以上泊位数（个）	大型装卸设备（台）	员工（名）	腹地 GDP（亿元）
2010	上海	2907	150	485	4650	41425
	深圳	2251	69	416	4549	109880
	宁波・舟山	1315	120	290	3553	27722
	青岛	1201	59	143	1685	39170
	广州	1255	60	293	2803	46013
	天津	1009	95	130	3675	20394
	大连	526	78	126	1422	18457
2011	上海	3174	150	588	4578	49110
	深圳	2257	69	419	4544	120922
	宁波・舟山	1472	129	319	3801	32319
	青岛	1302	59	143	1714	45362
	广州	1425	65	297	2904	53210
	天津	1159	98	133	3652	24516
	大连	640	79	126	1425	22227
2012	上海	3253	152	596	4916	54058
	深圳	2294	69	419	4050	129501
	宁波・舟山	1617	137	344	3913	34665
	青岛	1450	63	144	1730	50013
	广州	1474	66	321	2885	57068
	天津	1230	101	133	3518	26575
	大连	801	93	136	1423	24846

有关集装箱泊位数的准确数据从官方的统计中很难找到，所以用万吨以上泊位数代替；码头装卸设备主要采用了桥吊和轮胎吊等机械的数量；员工人数采用了集装箱专用码头的工作人员数；腹地经济发展水平采用港口所在省级地区的 GDP;① 产出变量采用《中国港口统计年鉴》所发表的中国各年度的集装箱吞吐量数据。

（二）评价模型的选取

DEA 模型分为基于投入（input-oriented）的 DEA 模型和基于产出

① 省级行政区域的 GDP 以中国国家统计局发表的资料为准。

(output-oriented) 的 DEA 模型以及非方向性 DEA 模型。基于投入的 DEA 模型是在产出一定的情况下，为了达到有效的生产边界，投入需要减少的程度。基于产出的 DEA 模型表示的是在既定的投入水平下，为了达到有效的生产边界，产出应该扩大的程度。

为了分析港口的生产率，需要明确生产率的影响要素。因为港口投入水平相对既定，所以需要把握港口生产率的有效和非有效状态。对于港口来说，如果存在投入冗余，即对投入要素利用不充分，那么就会存在经营效率低下，导致生产率无效；如果不存在投入冗余，即对投入要素加以利用充分，那么意味着港口的经营效率高，扩大产出就可以实现生产率有效。所以，本书采用基于投入分析的 Malmquist - DEA 模型。

实证分析分为两个阶段，第一阶段是多时期动态的港口生产率变化分析，采用基于投入的 DEA - BCC 模型；第二阶段为了明确港口的效率变化原因，采用了基于投入的 DEA - BCC 多阶段模型。

（三）Malmquist - DEA 模型分析结果

利用 Malmquist - DEA 基于投入的模型分析中国七大集装箱港口的生产率。2007—2012 年，上海港、深圳港、宁波·舟山港生产率的平均变化率分别为 0.940、0.992、0.987，小于 *MPI* 指数 1。上述数据说明，这三个港口 2007—2012 年的平均生产率分别下降了 6%、0.8%、1.3%。

2007—2012 年，青岛港、广州港、天津港和大连港的年平均生产率变化率分别为 1.041、1.043、1.066 和 1.075，*MPI* 指数分别大于 1。这说明 2007—2012 年这四个港口的年平均生产率分别提高了 4.1%、4.3%、6.6% 和 7.5%。

表 4-9　2007—2012 年中国七大集装箱港口生产率变化指数（MPI 指数）

区分	上海	深圳	宁波·舟山	青岛	广州	天津	大连
2007—2008	0.832	0.968	0.977	0.967	1.137	1.154	1.16
2008—2009	0.865	0.823	0.834	0.953	0.996	1.001	0.903
2009—2010	1.06	1.187	1.13	1.182	1.049	1.103	1.032
2010—2011	0.996	0.983	0.997	1.046	1.034	1.053	1.149
2011—2012	0.966	1.035	1.022	1.073	1.002	1.027	1.158
平均	0.94	0.992	0.987	1.041	1.043	1.066	1.075

2007—2012 年平均 *MPI* 指数小于 1 的港口分别有上海港、深圳港、宁波·舟山港。这三个港口的外贸货物所占比重很高，因此在 2008 年全球金融危机发生以后，随着世界经济的疲软，外贸货物的交易增长速度也呈现出钝化趋势，这些港口的集装箱吞吐量增速骤减，特别是在 2009 年一度出现负增长，所以导致这些港口的生产率整体出现了下降。

表 4-10　**上海港、深圳港、宁波·舟山港的吞吐量增长率情况**　（万 TEU；%）

	上海港	增长率	深圳港	增长率	宁波·舟山港	增长率
2000	561.2		399.4		90.2	
2001	634	12.97	507.9	27.17	121.3	34.48
2002	861.2	35.84	761.4	49.91	185.9	53.26
2003	1128.2	31.00	1061.5	39.41	276.3	48.63
2004	1455.7	29.03	1361.5	28.26	400.6	44.99
2005	1808.4	24.23	1566	15.02	520.8	30.00
2006	2171	20.05	1846.8	17.93	706.8	35.71
2007	2615.2	20.46	2110.4	14.27	943.1	33.43
2008	2800.6	7.09	2141.6	1.48	1093.4	15.94
2009	2500.2	-10.73	1825	-14.78	1050.3	-3.94
2010	2906.9	16.27	2251	23.34	1314.7	25.17
2011	3173.9	9.19	2257.1	0.27	1471.9	11.96
2012	3252.9	2.49	2294.1	1.64	1617.3	9.88
2013	3361.7	3.34	2327.8	1.47	1732.7	7.14
2014	3528.5	4.96	2403	3.23	1945	12.25
2015	3653.7	3.55	2421	0.75	2062.9	6.06

与此相反，2007—2012 年年平均生产率变化率 *MPI* 指数大于 1 的港口分别有青岛港、广州港、天津港、大连港。因为在 2008 年世界经济危机发生以后，即便是经济萎靡不振、海运贸易增速放缓，但是这四个港口依然保持了吞吐量的持续增加，而且没有出现负增长，所以港口生产率整体上得到了提高。

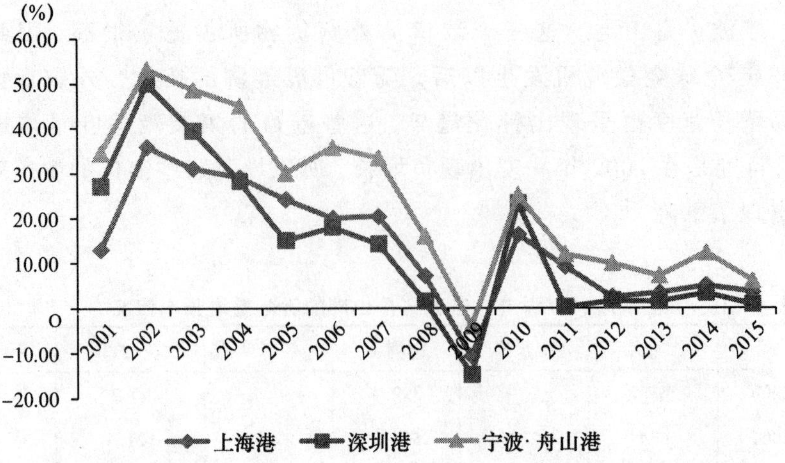

图 4－9　上海港、深圳港、宁波·舟山港的吞吐量增长率变化趋势

2007—2012 年，青岛港的生产率变化指数年平均为 1.041，其中 2007—2008 年生产率减少 3.30%，2008—2009 年减少了 4.7%。这是因为青岛港属于外贸港口，2008 年世界经济危机的发生，导致青岛港吞吐量增长速度大幅降低，进而影响了港口的生产率。但是，2009—2012 年，青岛港的吞吐量增长速度开始逐渐恢复，港口生产率也开始提高。

通过青岛港吞吐量的市场占有率变化来分析港口生产率的变化原因可以发现，2007—2013 年，青岛港的年平均吞吐量的市场占有率为 8.19%，比经济危机发生之前的 2000—2006 年的年平均市场占有率 8.86% 稍有减少。青岛港因为 2008 年经济危机而导致吞吐量增速大幅降低，但是青岛港吞吐量的市场占有率却维持了相对稳定的趋势。2000—2013 年，青岛港拥有较高的生产率，可以说对青岛港吞吐量的市场占有率保持稳定做出了一定的贡献。

2007—2012 年，青岛港的生产率变化和青岛港的吞吐量市场占有率变化几乎呈现出相似的趋势。这可以说明港口吞吐量市场占有率直接影响着港口的生产率，进而对港口可持续竞争力产生影响。因而，如果要持续地维持港口的竞争力，可以通过保证港口吞吐量的稳定增长和不断提高市场占有率等路径来实现。

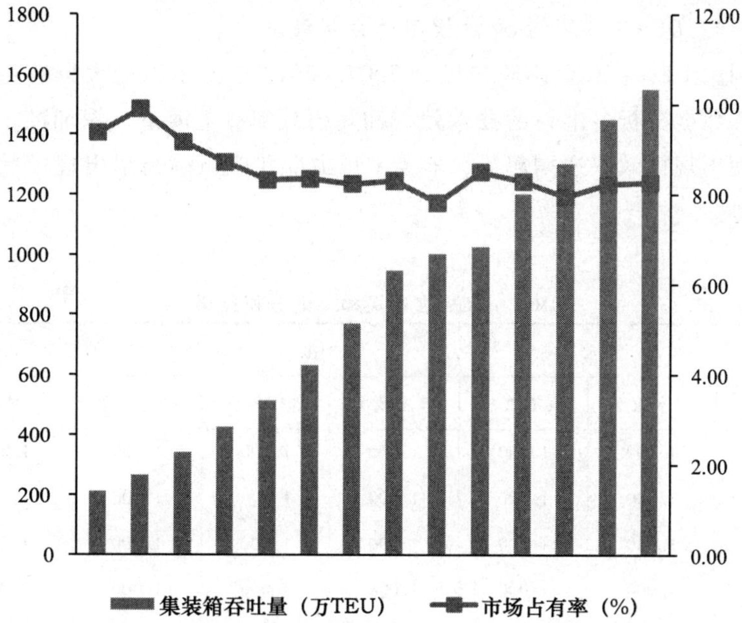

图 4－10　2000—2013 年青岛港集装箱吞吐量和市场占有率变化趋势

表 4－11　2007—2012 年中国七大集装箱港口生产率变化指数（MPI 指数）

	青岛港 MPI	青岛港集装箱吞吐量增长率（%）
2007—2008	0.967	5.90
2008—2009	0.953	2.40
2009—2010	1.182	17.10
2010—2011	1.046	8.40
2011—2012	1.073	11.40

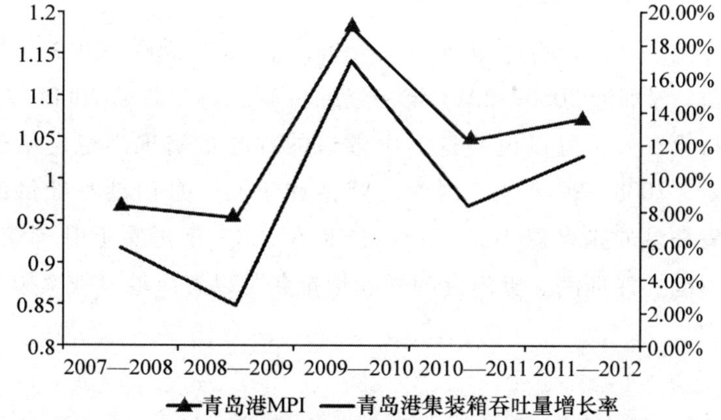

图 4－11　青岛港集装箱吞吐量和市场占有率变化趋势

（四）DEA－BCC 多阶段模型的分析结果

利用 DEA－BCC 多阶段模型 2007—2012 年度中国七大集装箱港口的截面数据分析各港口的技术效率和规模效率。上海港、深圳港、青岛港呈现出规模效率递增趋势，宁波・舟山港和广州港显示出规模效率递减趋势。

表 4－12　　　　DEA－BCC 多阶段模型的分析结果

区分	上海港		深圳港		青岛港	
	技术效率	规模效率	技术效率	规模效率	技术效率	规模效率
2007	1.000	1.000	1.000	1.000	1.000	1.000
2008	1.000	1.000	1.000	1.000	1.000	1.000
2009	1.000	1.000	1.000	1.000	1.000	1.000
2010	1.000	1.000	1.000	1.000	1.000	1.000
2011	1.000	1.000	1.000	1.000	1.000	1.000
2012	1.000	1.000	1.000	1.000	1.000	1.000

2007—2012 年，上海港、深圳港、青岛港的技术效率和规模效率都是 1，即港口投入相对产出来说是有效的状态。也就是说，这些港口在设施资源（泊位和装卸设备等）、人力资源（码头作业人员等）、腹地经济发展水平、吞吐量等方面持续地保持着优化配置，港口竞争力得到持续强化。

实际上，从港口吞吐量排名上分析，上海港 2000—2013 年持续保持第一位，深圳港 2000—2013 年持续保持第二，青岛港 2000—2007 年持续保持第三位，可以说明这三个港口的吞吐量呈现出稳定增长的状态。但是，2008—2012 年，因为广州港和宁波・舟山港吞吐量的急剧增加，青岛港的排名降为第五位，但是在 2013 年再次上升到第四位。通过上海港、深圳港、青岛港的吞吐量排名可以看出港口效率影响港口的竞争力。

表 4－13　　宁波·舟山、广州、天津、大连港的技术效率和规模效率

区分	宁波·舟山港		广州港		天津港		大连港	
	技术效率	规模效率	技术效率	规模效率	技术效率	规模效率	技术效率	规模效率
2007	0.862	0.941 (IRS)	0.632	0.979 (IRS)	1.000	0.886 (IRS)	1.000	0.606 (IRS)
2008	0.814	0.958 (IRS)	0.882	0.880 (IRS)	1.000	1.000	1.000	0.710 (IRS)
2009	0.768	0.924 (IRS)	1.000	0.935 (IRS)	1.000	1.000	1.000	0.675 (IRS)
2010	0.820	0.886 (IRS)	0.963	0.893 (IRS)	1.000	1.000	1.000	0.612 (IRS)
2011	0.829	0.930 (IRS)	0.949	0.923 (IRS)	1.000	1.000	1.000	0.721 (IRS)
2012	0.887	0.912 (IRS)	0.937	0.940 (IRS)	1.000	1.000	1.000	0.817 (IRS)

2007—2012 年，宁波·舟山港和广州港的技术效率和规模效率都是非有效的，技术效率和规模效率都小于 1。这些数据说明，这两个港口的吞吐量产出相对于港口投入来说处于非有效状态。大连港虽然呈现出技术效率的有效性，但是规模效率却是非有效的。天津港的情况除了 2007 年外，所有的年份都实现了技术效率有效和规模效率有效。

宁波·舟山港和广州港的技术效率和规模效率都是非有效的原因是，吞吐量产出不足或者码头设施、装卸设备、人力资源等投入要素存在冗余（投入过量），港口经营效率低下。广州港的情况是，技术效率在 2007—2009 年出现增长趋势，但在 2009 年以后出现下降趋势。广州港的技术效率波动的原因是，2004—2007 年，广州港的吞吐量大幅增加，技术效率得到提升，但是，2007 年以后因为吞吐量增幅相对以前有所减少，所以技术效率又开始下降。也就是说，宁波·舟山和广州港的设施投入（泊位和装卸设备等）、人力资源投入（码头作业人员）存在冗余现象，或者说，腹地经济发展水平不充分或者导致吞吐量产出不足，这些投入冗余或者产出不足导致宁波·舟山和广州港无法实现技术效率有效和规模效率有效。

表 4 - 14　　宁波 · 舟山港的投入和产出要素的映射值

			2007	2008	2009	2010	2011	2012
产出要素	吞吐量	Radial movement	151	251	318	290	304	206
投入要素	泊位	Slack movement	-17	-4	-4	-8	-15	-24
	装卸设备	Slack movement	0	0	-15	-30	-39	-74
	员工	Slack movement	0	0	0	0	0	0

表 4 - 15　　广州港投入和产出要素的映射值

			2007	2008	2009	2010	2011	2012
产出要素	吞吐量	Radial movement	539	147	0	48	76	100
投入要素	泊位	Slack movement	-4	0	0	0	0	0
	装卸设备	Slack movement	0	-80	0	-123	-102	-140
	员工	Slack movement	-434	-798	0	-840	-747	-864

表 4 - 14 和表 4 - 15 给出了宁波 · 舟山港和广州港非有效年度的产出要素的改善值和投入要素的冗余量。2007—2012 年，在既有投入的水平下，宁波 · 舟山港和广州港要想达到有效的生产状态，产出量需要扩大和投入要素需要缩减。产出不足意味着港口吞吐量产出能力需要强化，投入过硬在现实中因为港口在生产过程中港口的投入要素不能进行自由处置，所以投入要素的冗余可以解释为港口经营管理层面的效率低下。产出不足和投入过硬可以看作是港口效率改善的值，给出了港口经营管理的优化方向。

宁波 · 舟山港的情况是 2007 年吞吐量产出需要扩大 151 万 TEU，泊位减少 17 个，就可以实现技术效率有效。宁波 · 舟山港在 2008 年吞吐量增加 251 万 TEU，泊位减少 4 个，就可以实现技术效率有效。此外，宁波 · 舟山港在 2009 年、2010 年、2011 年、2012 年吞吐量分别增加了 318 万 TEU、290 万 TEU、304 万 TEU、206 万 TEU，泊位分别减少 4 个、8 个、15 个、21 个 ，装卸设备分别减少 15 台、30 台、39 台、74 台，就可以实现有效的生产状态。

广州港的情况是，2007 年吞吐量产出增加 539，泊位减少 4 个，人力减少 438 名，就可以实现技术效率有效。此外，广州港在 2008 年、

2010 年、2011 年、2012 年吞吐量分别增加 147 万 TEU、48 万 TEU、76 万 TEU、100 万 TEU，装卸设备分别减少 80 台、123 台、102 台、140 台，人力分别减少 798 名、840 名、747 名、864 名，就可以达到有效的生产状态。

三 青岛港的环境改善评价

港口为了适应因气候变化而强化的环境标准，对环境保护进行投资，或者提高能源利用效率，构建资源再生型绿色物流体系，实施绿色·低碳节能减排措施，积极实施港口的可持续发展战略。环境改善给港口的安全性保障提供了有利的外部环境，环境改善效果越好，港口的安全性就越有保障，对于港口竞争力的持续维持就越有利，因此生态环境可以作为可持续港口竞争力的重要构成要素。

因为有关绿色港口的评价指标具体数据搜集存在一定的困难，所以本书采用港口所在省级行政区的环境保护投资金额作为港口环境改善的指标对港口环境改善进行评价。根据港口所在地区的环境保护投资金额的变化趋势和占 GDP 的比重变化趋势，可以判断出港口所在地区的环境保护重视程度。生态环境的持续改善为港口作业提供了有利的安全自然环境条件，保障了港口作业的安全性。

本书采用了 2005—2012 年中国七大集装箱港口所在的省级经济腹地的环境保护投资金额对各港口的环境改善程度进行评价。区域划分具体如下：上海港所在地区江苏省，深圳港和广州港所在地区广东省，宁波·舟山港所在地区浙江省，青岛港所在地区山东省，天津港所在地区河北省，大连港所在地区辽宁省。

（一）环境保护投资金额

中国七大集装箱港口所在省份的年度环境保护投资金额详见图 4-11 所示。从中可以看出，2005—2013 年，山东省的年平均环境保护投资金额为 128.4 亿元，属于最高水平。其次是江苏省 84.5 亿元、广东省 81.9 亿元、辽宁省 46.5 亿元、河北省 52.1 亿元、浙江省 43.7 亿元。

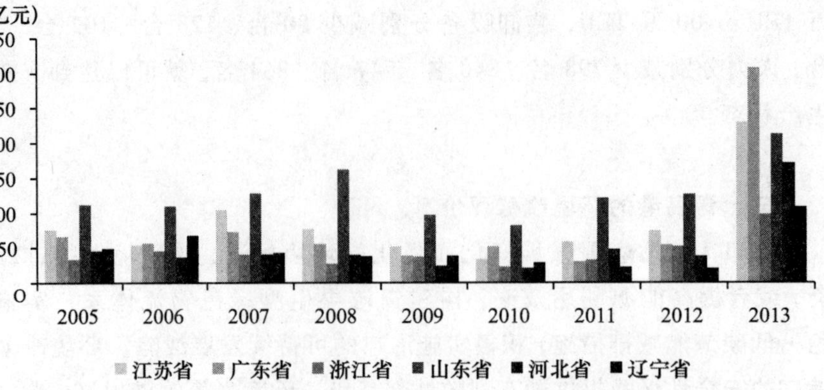

图 4－12 中国七大集装箱港口所在省份环境保护投资金额

2005—2013 年，中国七大集装箱港口所在省份江苏省、广东省、浙江省、山东省、辽宁省、河北省环境保护投资金额占各省 GDP 的年平均比重如表 4－13 所示。山东省年平均比重为 0.39%，属于最高比重。其次比重排名顺序为辽宁省 0.34%、河北省 0.29%、江苏省 0.24%、浙江省 0.20%、广东省 0.18%。

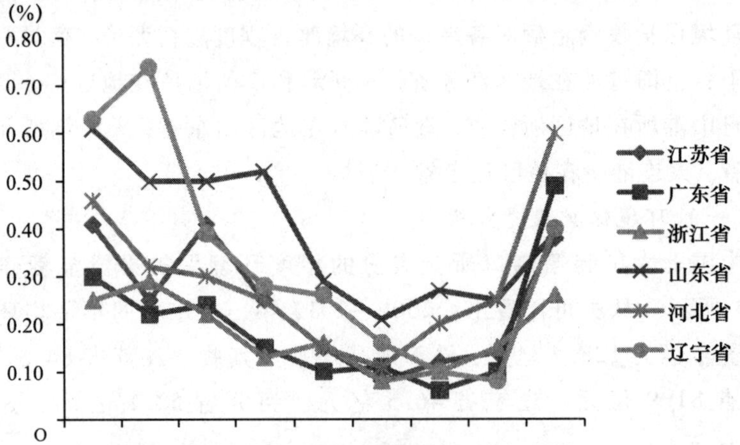

图 4－13 中国七大集装箱港口所在省份环境保护投资金额占 GDP 比重

通过图 4－12 和图 4－13 可以看出，青岛港所在地区的环境保护投资金额排名最高，占 GDP 的比重也最高，由此可以判断出青岛港所在山东省对环境保护重视程度最高。山东省生态环境的持续改善为青岛港港口作业的安全性提供了有利的自然环境条件，保障了港口可持续竞争力的发挥，为青岛港构建环境友好型港口提供了可持续发展层面的有利政策支持。

（二）青岛港节能减排的实际成绩

青岛港积极推进低碳·绿色港口建设，并取得了显著的成效。2005 年综合能耗降低了 3.90%，节约资金 3.6467 亿元；2006 年能耗降低了 4.3%，节约资金 5068 万元；2008 年能耗降低了 4.2%，节约资金 6.48 万元，2011 年能耗降低了 3.35%。青岛港在进行环境保护的同时，港口形象也持续得到提升。通过降低能耗，青岛港间接地节省了经营成本从而强化了竞争力。

青岛港每年除推行节电、节油、节煤、节水等节能措施外，还推进牵引车 LNG 改造、轮胎吊电气改造，进行科学技术创新等一系列环境友好型港口建设项目，通过构建低碳·绿色港口来谋求港口的可持续发展。特别是 2007 年投资 12 亿元购买了 107 台先进装备，取得了 287 项科技创新成果，后期每年为改善环境也不断进行投资。2014 年轮胎吊节能效果“世界领先”，单箱油耗为 0.49 升/自然箱，同比电轮胎吊节能 20%—25%，同比油轮胎吊节能 60%。

青岛港通过实施一系列码头作业装备电气化改造等低碳、集约型增长方案，取得了巨大的节能成就。如表 4－16 所示，2009 年青岛港码头装卸设备中的桥吊和轮胎吊万吨货物的能源消耗量为标准煤 18 吨，这个数值仅为其他港口的 60%—80%，在中国十大集装箱码头中也属于最低值，这充分说明了青岛港集装箱码头的节能减排成绩最高。以 2012 年为基准，青岛港的能源综合消耗量万吨吞吐量仅为标准煤 5.13 吨。另外，青岛港在“十二五”发展规划中，环境保护相关投资达到 5 亿元。

表 4－16 **中国主要集装箱码头节能实践成绩**

码头名称	集装箱装卸机械能源消耗量（标准煤吨/万 TEU）		
	桥吊	轮胎吊	合计
青岛前湾	9.36	8.63	18
宁波北仑第二集装箱公司	10.99	11.52	22.5
上海沪东	12.63	9.998	22.63
南沙港务	10.42	13.76	23.34
上海集装箱	6.26	17.13	23.39
上海振东	11.04	12.99	24.03
天津五洲	11.34	12.77	24.11
天津集装箱	9.29	12.22	24.18
营口新世纪	11.05	16.17	27.22
上海冠东	18.04	12.11	30.14

资料来源：根据《中国港口统计年鉴》相关年份统计资料计算得出。

通过以上分析可以看出，青岛港在环境友好型港口建设方面不仅具有有利的外部环境条件，而且自身也在不断努力。青岛港为了构建面向未来的绿色·低碳港口，通过节能降低经营成本，积极改善港口环境，确保港口物流作业的安全性。青岛港在环境改善领域所取得的丰硕成果以及获得的领先竞争优势，将为青岛港竞争力的持续维持提供有力的保障

第四节　青岛港可持续港口竞争力评价结果

一　青岛港吞吐量持续稳定增长

从货物吞吐量和集装箱吞吐量实绩分析来看，2015 年，青岛港的集装箱吞吐量排名位居中国第四，世界第七，取得了巨大的成就。2000—2015 年，青岛港的货物吞吐量和集装箱吞吐量分别增长了 5 倍和 8.2 倍，年均增长率分别为 11.4%、15.4% 。

从增长率分析来看，2000—2013 年，青岛港的年平均增长率为 16.9%，与中国七大集装箱港口年平均增长率 17.5% 基本持平，其中，2007—2012 年，青岛港的吞吐量增长率年平均为 10.7%，高于中国七

大集装箱港口的年平均增长率9.2%。

从市场占有率来分析，2000—2013年，青岛港集装箱吞吐量在中国七大港口中的市场占有率为8.5%，排名第三位，仅次于上海港21.9%，深圳港17.6%。

特别是2008年世界金融危机爆发以后，在2009年上海港、深圳港和宁波·舟山港的集装箱吞吐量出现了负增长的情况下，青岛港在面对世界经济增速放缓和全球贸易不景气的外部环境压力下，集装箱的吞吐量依然保持了2.4%的增长率，维持了相对稳定的市场占有率。以上数据充分说明青岛港在港口吞吐量稳定增长方面保持着可持续竞争力。

二　青岛港港口经营管理效率高

2007—2012年，青岛港的生产率变化指数年平均为1.041，也就是说，青岛港2007—2012年的港口生产率增加了4.1%，这一方面说明青岛港在资源投入成本降低或者扩大吞吐量产出方面的资源配置效率得到提升，另一方面也说明港口经营管理更加高效。

从港口集装箱吞吐量增长和港口效率来分析，2007—2013年，青岛港的年平均吞吐量市场占有率为8.19%，维持了较高的水平。2007—2012年，青岛港的生产率变化和青岛港的吞吐量市场占有率变化几乎呈现出相似的趋势，这可以说明青岛港集装箱吞吐量市场占有率维持了较高的水平，对青岛港生产率的提升做出了一定的贡献。

港口吞吐量市场占有率直接影响港口的生产率，进而对港口可持续竞争力产生影响。因而，如果要持续维持港口的竞争力，可以通过保证港口吞吐量的稳定增长和不断提高市场占有率等路径实现。

青岛港2007—2012年的技术效率和规模效率都是1，即港口投入相对产出来说是有效率的状态。这说明青岛在港口基础设施资源投入（泊位开发和装卸装备投入等）、人力资源投入（码头作业人员等）、吞吐量产出等领域的资源配置达到了最优状态，并实现了与港口腹地经济发展水平保持高度契合度的互动发展模式，青岛港的可持续竞争力得到持续的维持和强化。

三　青岛港环境保护力度大

青岛港在中国七大集装箱港口中，在环境友好型港口建设方面得到政府政策的大力支持。2005—2012 年，青岛港所在省级行政区域山东省的环保投资金额年平均达 117.8 亿元，占 GDP 的比重为 0.393%，在中国七大港口中最高，青岛港拥有最有利的外部环境条件。

通过青岛港所在地区山东省的环境保护投资金额的变化趋势和占 GDP 的比重变化趋势，可以判断出青岛港所在地区山东省对环境保护的重视程度。另外，青岛港自身也在持续推进绿色物流技术开发，积极推进在码头装卸设备电气化改造等方面一系列的能源节约行动，通过降低经营成本，港口经营效率得到持续改善。

总而言之，青岛港在绿色·低碳港口建设领域已经取得了一定的战略先机，今后如果继续强化可持续发展层面的竞争优势，青岛港可持续竞争力将得以持续维持。此外，山东省生态环境的持续改善为青岛港港口作业的安全性和稳定性提供了有利的自然环境条件，保障了青岛港港口竞争力的稳定性和可持续性。

第五章 总结与展望

第一节 研究内容综述

本书从资源、能力和环境三个层面考察了港口竞争力的影响要素，结合环境变化的特征导出了可持续港口竞争力的构成要素。另外，以港口环境改善、港口吞吐量增加和港口运营效率提升为中心构建可持续港口竞争力的评价指标，并分析了青岛港的可持续港口竞争力。

第一，通过对竞争力理论的考察，导出了竞争力的资源、能力和环境三大构成要素。资源是竞争力形成的基础，发挥着支撑作用；能力是指对资源的利用能力，发挥着提高资源效用的作用；环境变动是资源结构调整和能力体系调整的驱动力。通过分析竞争力与构成要素和构成要素间的关系给出了可持续竞争力的定义。可持续竞争力指的是，在竞争市场条件下企业依据内外竞争环境的变化，树立面向未来的战略目标，通过实施一系列的动态战略以实现资源的最优配置，并维持所有资源间的均衡协调关系，从而能够持久地以超越竞争对手的效率向客户提供产品或者服务并获取利润、实现发展的综合能力。

第二，分析了港口竞争力的特征和构成要素，导出了可持续港口竞争力的概念。可持续港口竞争力指的是港口企业从宏观经济环境变化、物流功能创新、生态环境恶化等内外竞争环境变化的特征出发，通过一系列动态战略的实施，从而实现对港口内外资源的再配置（比如补充、更新、结构调整等），使其适应环境的变化，通过优化港口经营管理的效率，持续不断地创造出新的竞争优势，最终实现扩大港口吞吐量产出并营利的能力。

第三，分析了港口环境变化和港口竞争力的持续性关系，考察了港口宏观经济环境的变化、海洋生态环境变化和物流功能创新等外部变化并指出了可持续港口竞争力的实现路径。另外，通过对港口竞争力影响要素的文献研究，以港口成果性和港口效率为基准构建了港口竞争力的评价指标体系。

第四，通过对青岛港的发展现状和未来发展战略的考察分析了青岛港的可持续竞争力。分析结果显示，青岛港在专业化、大型化码头建设，吞吐量处理能力增加，物流服务水平提升，绿色港口建设，集约型经济增长方式转型，港口经济和腹地经济互动发展，区域枢纽港打造等领域已经具备了一定的可持续竞争力。

第五，构建了以资源、动态能力和生态环境为构成要素的可持续港口竞争力评价指标体系。可持续港口竞争力的评价指标由港口环境改善、港口吞吐量增加、港口运营效率提升等指标构成。港口环境改善可以持续维持港口现有的竞争力状态，所以被选为可持续港口竞争力的评价指标。港口吞吐量增加作为港口成果性的指标表示的是港口在数量上的发展水平。和港口运营效率相关的技术效率改善指的是通过降低投入成本或者扩大产出等实现的港口生产率的提升程度，表示的是港口在内在的、质量层面的增长过程。

另外，从港口环境改善、效率改善和吞吐量增加三个层面对青岛港的可持续竞争力进行了评价。

其一，2005 年—2012 年，青岛港所在的山东省年平均环境保护投资金额为 117.8 亿元，是中国七大集装箱港口所在省份中的最高标准。上海港所在的江苏省为 66.5 亿元，广州港所在的广东省为 53.6 亿元，大连港所在的辽宁省为 38.8 亿元，天津港所在的河北省为 38.3 亿元，宁波·舟山港所在的浙江省为 36.9 亿元。另外，从有关青岛港环境友好型港口建设的政府政策支持层面来看，青岛港已经拥有了有利的外部环境，正在努力打造朝向未来的绿色港口。青岛港通过节能措施降低了港口运营成本，通过减排措施保障了港口物流作业的安全性，同时提升了港口的品牌知名度，这一系列竞争优势的创出使得青岛港的竞争力得到持续维持。

其二，2000—2013 年，青岛港集装箱吞吐量从 212 万 TEU 增加到 1552 万 TEU，增长了 7.3 倍，年平均增长率达到 16.9%；中国七大集装箱港口总吞吐量的比重年均为 8.52%，青岛港的年均增长率仅次于上海港的 21.9% 和深圳港的 17.6%，位居第三。无论是从青岛港吞吐量增长速度还是市场占有率来看，都可以判断出青岛港的可持续竞争力得到了维持。

其三，利用 Malmquist DEA - BCC 模型和 DEA 多阶段模型对青岛港的效率和中国七大集装箱港口的效率进行了对比分析，结果是：港口的生产率变化比起港口设施规模与港口吞吐量变化间的相关关系更显著。因为港口吞吐量变化速度对港口生产率会产生较大的影响，所以港口吞吐量的稳定增长对港口生产率产生正的影响。

规模效率影响港口的生产率。当规模收益递增时，规模效率对港口生产率产生正的影响；当规模收益递减时，规模效率对港口生产率产生负的影响。也就是说，投入冗余或者吞吐量不足是港口运营效率低下的原因，改善港口运营的无效率状态，可以提升港口的竞争力。

技术效率改善对港口生产率产生正的影响。以投入产出效率分析时，当发生投入冗余或者产出不足时将存在无效率状态。通过减少投入或者扩大产出以改善港口的运营效率可以持续地维持港口竞争力。

第二节　主要研究结论

对港口效率评价层面的实证分析结论如下：首先，比起港口设施规模的变化，港口生产率变化与港口吞吐量变化的相关关系更明显。也就是说，港口吞吐量变化的速度影响港口的生产率，因此港口吞吐量的稳定增长对港口生产率产生正面的影响。其次，规模效率影响港口的生产率。当规模收益递增时，对港口生产率产生正面的影响；当规模收益递减时，对港口生产率产生负的影响。因而，港口为了培育竞争力，不能仅仅追求自身的发展，应该通过构建港口集群以实现区域内港口的共同发展繁荣。另外，努力实现港城经济一体化发展模式，港口对地区经济的贡献度越大，地区经济的增长就可以对港口竞争力的持续维持发挥支撑的作用。最后，技术效率改善对港口生产率产生正的影响。对港口来说，应该把握住设施投资过剩、人员冗余、吞吐量不足等无效率因素，通过扩大产出或者减少投入等改善港口的效率，提高港口的生产率。

一　港口生产率变化相比港口设施规模变化与港口吞吐量变化的相关关系更显著

2008年开始，世界经济危机经济成长钝化，海运吞吐量增加速度减少，因为吞吐量的不足，导致港口设施闲置，成为港口经营效率低效的原因。与此相反，吞吐量增加和市场占有率的持续增加可以提高港口的生产率，即港口吞吐量变化速度影响港口的生产率，因此港口吞吐量的稳定增长对港口生产率产生正面的影响。

二　规模效率影响港口的生产率

当规模收益递增时，对港口生产率产生正面的影响；当规模收益递减时，对港口生产率产生负的影响。因而，规模收益递增的时候，应该追加投入要素以扩大产出规模，从而享有规模经济性。另外，当规模收益递减的时候，应该实施减少资源投入、减少产出规模、强化经营管理、改造生产流程、更新服务、开拓新市场等战略转换。

通过构建港口集群以实现和区域内港口的共荣。港口为了培育竞争力，不能仅仅追求自身的发展。从横向来看应该和周边港口进行合作，发挥最大化的优势，实现劣势互补。港口对地区经济的贡献度越大，地区经济的成长就可以对港口竞争力的持续维持发挥支撑的作用。

三　技术效率改善对港口生产率产生正的影响

分析投入—产出的效率时，存在投入过硬或者产出不足等非效率情况。当产出既定时，为了达到有效的生产，应该采取减少投入等非效率改善方法。当投入既定的时候，应该扩大产出以达到有效的生产状态。对港口来说，应该把握住设施投资过剩、人员冗余、吞吐量不足等非效率因素，通过产出扩大或者投入减少等改善港口的效率，提高港口的生产率。

第三节　研究的现实意义

通过对青岛港发展现状的考察和发展战略的研讨，比较了青岛港与中国七大集装箱港口的情况，评价了青岛港的可持续竞争力。以评价结果为依据，指出了青岛港在绿色港口构建、吞吐量稳定增长、港口效率改善等层面所取得的成绩和存在的问题，并以存在的问题为出发点，开拓性地探讨了青岛港可持续发展战略的妥当性，这将成为青岛港今后维持可持续港口竞争力战略方向调整的有益参考。

一　青岛港存在的问题

（一）未来港口设施投资的持续扩大和吞吐量增速放缓间的矛盾

依据《航运交易公报》2014—18号资料，2013年，中国主要海运企业经营实绩（亿元），如中海集运（CSCL）、中海发展（China Shipping Dev）、长航油运（NJTC）、招商轮船（Merchants Energy）都出现了负的纯利润，分别显示为－26.5亿元、－23亿元、－59.2亿元、－21.8亿元。

表5－1　　2013年中国主要海运企业经营实绩　　（亿元）

	企业	总收入	纯利润
1	中国远洋（COSCO）	619.3	2.4
2	中国外运（Sinotrans）	477.7	8.4
3	东方海外国际（OOIL）	385.9	2.9
4	中海集运（CSCL）	343.4	－26.5
5	中海发展（China Shipping Dev）	113.9	－23
6	太平洋航运（Pacific Basin）	105.8	0.1
7	海丰国际（SITC）	78.5	7
8	中远航运（COSCOL）	74.4	0.3
9	长航油运（NJTC）	73.1	－59.2
10	招商轮船（Merchants Energy）	25.7	－21.8

资料来源：《航运交易公报》2014－18号。

另外，2015 年全球十大集装箱港共完成 21634.7 万 TEU 的吞吐量，较 2014 年的 21590.5 万 TEU 增长 0.2%，增长幅度低于 2014 年的 5.7%，低 5.5 个百分点。这显示在全球经济形势低迷的背景下，港口集装箱吞吐量增长也十分乏力。

青岛港在“十二五”规划中进行了大规模的新港口开发建设，港口基础设施完善、信息化程度高、装卸效率高、港口规模庞大，对于吸引大型船舶具有一定的优势。其中，青岛港的万吨以上泊位数从 2000 年的 46 个增加到 2012 年的 79 个，增长了 2.1 倍，截至 2012 年底万吨以上泊位数占总泊位数的比重达到 76.4%。但是，2000—2015 年，青岛港的年均港口吞吐量和集装箱吞吐量增长速度整体出现一定的下降趋势。

表 5-2　　**青岛港吞吐量增长率与万吨以上泊位开发建设数量**

年度	万吨以上泊位数	货物吞吐量（万吨）	增长率（%）	集装箱吞吐量（万 TEU）	增长率（%）
2000	30	8636		212	
2001	32	10398	20.40	264	24.53
2002	32	12213	17.46	341	29.17
2003	36	14090	15.37	424	24.34
2004	37	16265	15.44	514	21.23
2005	40	18678	14.84	631	22.76
2006	42	22415	20.01	770	22.03
2007	48	26502	18.23	946	22.86
2008	48	30029	13.31	1002	5.92
2009	57	31546	5.05	1026	2.40
2010	59	35012	10.99	1201	17.06
2011	59	37230	6.33	1302	8.41
2012	63	40690	9.29	1450	11.37
2013	—	45000	10.59	1552	7.03
2014	—	47700	6.00	1658	6.83
2015	—	43000	-9.85	1734	4.58

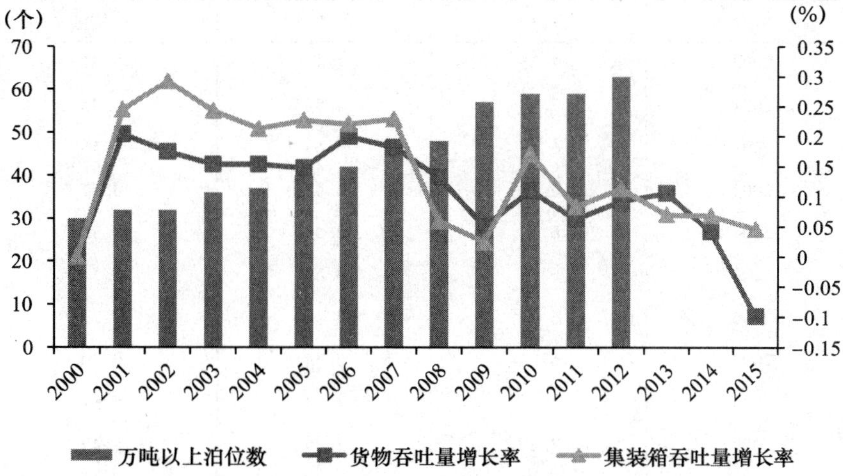

图 5－1　青岛港吞吐量增长率变化趋势与万吨以上泊位开发建设数量变化趋势

另外，2008 年以后，因为世界经济增长缓慢、进出口贸易不景气，全球海上货运量大幅缩减，海运产业出现了船舱供给过剩等经营困境。因为港口具有规模经济效益，吞吐量不足导致港口设施闲置和人员冗余等问题，容易产生港口运营效率低下等负面影响，从而影响港口的可持续发展。

因此，青岛港在扩充港口设施规模的同时，应该积极构建完善腹地连接运输体系，持续扩大腹地经济圈的范围，从而保证充足货源并实现港口吞吐量的稳定增长。

（二）因周边港口的大规模开发所导致的货源争夺竞争更加激烈

2000—2013 年，青岛港、天津港、大连港的年平均市场占有率分别为 8.52%、6.76%、3.9%，可谓势均力敌。分析这三个港口的吞吐量市场占有率变化趋势，在 2009 年以后出现收敛的趋势。这是因为 2009 年青岛港和天津港的吞吐量市场占有率稍有下降的趋势，相反，大连港的吞吐量市场占有率稍有上升，从而导致这三个港口吞吐量市场占有率的差距出现收窄趋势。

表 5－3　　**青岛港、天津港、大连港的集装箱吞吐量市场占有率**　　（%）

区分	天津港	大连港	青岛港
2000	7.55	4.47	9.37
2001	7.54	4.54	9.90
2002	6.47	3.63	9.16
2003	6.19	3.45	8.71
2004	6.17	3.58	8.32
2005	6.35	3.51	8.34
2006	6.36	3.43	8.23
2007	6.23	3.34	8.30
2008	6.62	3.53	7.81
2009	7.20	3.79	8.49
2010	6.96	3.63	8.28
2011	7.07	3.90	7.94
2012	6.97	4.54	8.22
2013	6.91	5.33	8.26
平均	6.76	3.90	8.52

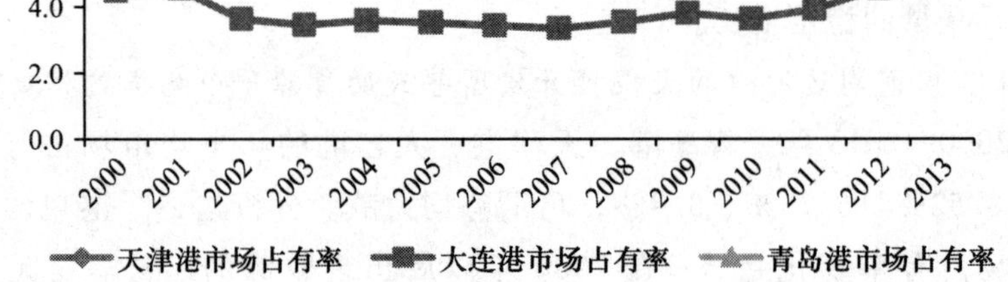

图 5－2　**青岛港、天津港、大连港的集装箱吞吐量市场占有率**

2000—2013 年，青岛港、天津港、大连港的年平均吞吐量增加率分别为 16.9%、17.2%、19.5%，其中大连港的年均增长率最高，其次是天津港，最后是青岛港。另外，2007—2012 年，大连港的技术效率和规模收益递增，规模效率得到持续改善。

大连港集装箱吞吐量大幅增加得益于国家对东北三省老工业基地改造和振兴的经济开发政策，因而东北三省的经济活跃程度有所提高。另外，大连港具有和东北三省连接的天然地理优势，腹地连接交通体系发达等，在吸引东北三省的货物上具有一定优势。辽宁省政府以及大连港务局为把大连港打造成东北亚航运中心港，不断进行港口建设投资。今后，大连港有可能超过天津港和青岛港，成为青岛港强有力的竞争对象。

（三）气候环境恶化将严重威胁港口生产作业的安全性

青岛港积极推进环境友好型港口建设。2001—2008 年，环境保护投资为 3.5 亿元，节约用电 8218 万千瓦，节约用油 1424 吨，集装箱轮胎吊节能 40%，单位 TEU 节约成本 70%。另外，青岛港在“十二五”规划中环境保护投资为 5 亿元。山东省政府和青岛港为了保护港口环境进行了大量投资，但是青岛港所面临的环境问题依然很严峻。

表 5-4　　青岛港的气候（有雾天气）

区分	有雾天气（天）
2010	159
2011	51
2012	95
2013	55
2014	36
2015	48

资料来源：www. qingdaonews. com。

气候变化给港口生产和作业安全带来了巨大的影响。青岛港在 2010—2014 年间有雾的天气分别为 159 天、51 天、95 天、55 天、36 天。雾大会导致进出港船舶延迟或者取消，甚至会导致港口周边海上交通拥堵从而发生船舶冲撞事件。另外，船舶滞港时间越长，能源消耗就越多，或者废弃物排放就越多，对环境的污染就越严重。特别是如果发生船舶冲撞事件所导致的危险品渗出等情况，会造成海洋生态环境的严重破坏继而威胁人类生存。因此，港口规模无论多大，设施装备无论多先进，信息化和自动化程度无论多高，如果海洋气候环境条件恶劣，港口生产作业就无法进行，港口经营效率就会降低。

二 青岛港可持续发展战略的调整方向

（一）地方政府亟须对港口开发政策的可行性进行再考察论证

环渤海地区港口集群中的地区中心港有青岛港、天津港和大连港，各自都把发展成为北中国航运中心、东北亚综合航运枢纽港作为战略目标，并为此正在进行大规模的投资开发建设。青岛港、大连港、天津港都以北中国沿海和内陆地区为腹地经济圈，在腹地开发上竞争激烈。如果不考虑这些地区间的经济特征，不能形成合理的港口分工协作关系，重复投资、海岸线资源过度开发都可能导致生态环境的破坏；或者因为港口腹地货源不足等导致港口吞吐量不足、港口设施闲置、人员冗余，容易发生规模不经济等不良后果。

因此，青岛港、天津港和大连港的地方政府以及港口当局在制定港口开发政策时，应该再次考证港口开发战略目标实现的可能性，应该对港口整体分布进行科学规划、合理分工，实行差别化经营战略。

（二）构建港口集群，实现区域内港口集群的共同繁荣

港口物流服务的时效性、服务质量的满意度等是客户选择港口时重要的考虑要素。构建港口集群、港口物流联盟、海事联盟等战略，不仅可以节约物流成本、缩减物流时间，而且可以提高物流活动的效率，从而提高港口的竞争力。

青岛港为了提高竞争力，不能仅仅追求自身的发展。从水平层次来看应该和周边港口进行合作，发挥优势互补作用。青岛港如果和烟台港、日照港、连云港等缔结战略联盟，就可以在腹地开发上避免恶性竞争。另外还可以为客户提供最优化的物流服务。从纵向层次来看，青岛港需要和腹地物流企业进行战略联盟，通过维持稳定的客户关系以降低交易成本、提高交易效率。特别是构建物流信息共享平台，可以快速地把握客户的需要，提供最优的服务方案。

“山东半岛海洋经济区规划”提出了把青岛港作为区域中心港（龙

头港口），烟台港和日照港作为辅助港，潍坊港、东营港、滨州港、莱州港作为基础港，通过中心港口和基础港口的合作，构建东北亚国际航运综合枢纽港的战略目标。这样的战略规划可以避免山东省内港口间的无序和恶性竞争，保持相互协作关系，从而发挥港口集群规模经济优势。

（三）持续推进港口经济和区域经济的互动增长

保持港口内部资源开发和腹地经济圈等外部资源开发的互动型良性循环关系，可以提高港口的投入—产出效率，从而实现可持续港口竞争力。青岛港通过对老港区的改造，正在建造未来世界上最大的游轮母港。港口功能的升级改造，不仅可以盘活青岛市、山东省乃至全国的旅游资源，而且可以成为振兴旅游相关产业的经济成长新引擎。青岛港对区域经济的贡献度越大，区域经济发展对青岛港竞争力的持续维持所发挥的支撑作用也就越大。

（四）构建绿色港口、强化港口安全性

环境改善为保障港口作业的安全性提供了有利的外部环境，环境改善效果越好，港口作业的安全性就越高，对于港口可持续竞争力维持就越有利。青岛港所在地区的环境保护投资金额排名最高，占 GDP 的比重也最高，以此可以判断出青岛港所在山东省对环境保护重视程度之高。山东省生态环境的持续改善为青岛港港口作业的安全性提供了有利的自然环境条件，保障了港口可持续竞争力的发挥，为青岛港构建环境友好型港口提供了可持续发展层面的有利政策支持。

环境问题不只是港口自身可以控制的问题，环境恶化问题给社会生产的各个领域和人类生活都可能造成负面影响。因此，无论从国家、地方政府、企业乃至个人立场上来说，都要重视环境保护。从港口层面来看，就是要通过科学技术进步、改造落后设施、开发新再生能源、转换低碳技术、实现资源的可持续利用，提高投入—产出效率，实现集约式增长模式。构筑绿色港口不仅要从港口企业自身做起，而且港口所在城市、所在腹地以及全中国、全球都要把经济发展的模式转换成可持续集约型增长模式。

第四节 研究展望

在评价可持续港口竞争力时，因为环境改善和绿色港口政策相关的数据资料搜集十分困难，所以采用了港口所在省级行政区域的环境保护投资金额作为港口环境改善的评价指标。另外，在分析港口效率时仅仅把集装箱吞吐量作为产出指标，在指标选取方面存在一定的局限性。这是因为港口产出也包括进出港船舶、港口经营收入、港口利润等，集装箱吞吐量产出成果仅仅是港口产出的一部分，作为单一的评价指标不能代表港口竞争力的全部。今后研究应尽量搜集更完整的数据资料，克服本书研究的局限性。

另外，在评价可持续港口竞争力时，分别对吞吐量增长、技术效率改善、环境改善三个层面的评价指标进行了分析，难以导出综合性的评价结果。期待后期能通过更深入的研究，把以上三个层面的评价指标通过同一个评价模型进行评价并得出综合性的评价结果。

参考文献

张金昌：《国际竞争力评价的理论和方法》，经济科学出版社 2002 年版。

薄湘平、易银飞：《国内外企业竞争力研究综述》，《商业研究》2007 年第 12 期。

朱晓娟：《产业竞争力研究的理论和方法》，首都经贸大学 2004 年博士学位论文。

贝赞可、德雷诺夫、尚利：《公司战略经济学》，北京大学出版社 1999 年版。

项保华、李绪红：《管理决策行为》，复旦大学出版社 2005 年版。

王核成：《动态环境下的企业竞争力：基于动态能力观的竞争力及其演化研究》，科学出版社 2010 年版。

邹国庆：《持续竞争优势：企业能力与环境的融合进化》，《吉林大学社会科学学报》2003 年第 1 期。

吴应宇、路云：《企业可持续竞争能力及其影响因素分析》，《中国软科学》2003 年第 5 期。

刘建伟、张正堂：《过程导向的可持续竞争优势因素因果关系链分析》，《中国科学管理》2003 年第 2 期。

游明达：《高新技术企业创新能力》，《统计与决策》2004 年第 6 期。

谭新生：《组织能力观与传统资源观的比较分析》，《外国经济与管理》2003 年第 8 期。

邱立新、陈岩：《青岛港口物流国际竞争力评价研究》，《青岛科技大学学报》（社会科学版）2003 年第 19 卷第 4 期。

河东宇：《东北亚主要集装箱港口间竞争现状分析》，韩国海洋产业研究院，1996年。

方熙泽：《国际运输论》，韩国博英出版社2005年版。

刘冬林：《绿色物流的制度研究》，武汉理工大学2010年博士学位论文。

《港口环境污染和环境友好型港口—绿色港口的建设》，韩国技术社会，1998年。

金宇善、崔宗熙、崔尚熙、河泰英：《环境友好型港口运营技术应用及实施方案研究》，韩国海洋水产开发研究院，2008年。

沈尚东：《关于应对气候变化的低碳·绿色港口物流体系重组研究》，韩国昌原大学2009年硕士学位论文。

金肖兴：《韩国绿色运输物流政策改善方案》，庆北大学2010年硕士学位论文。

黄健元、严以新：《港口集装箱运输竞争力综合评价指标体系的设计方案》，《水运管理》2004年第9期。

匡海波：《中国港口效率测度研究》，大连理工大学2007年博士学位论文。

金泰源：《有关港口竞争的竞争指数分析研究》，韩国海洋大学2008年博士学位论文。

孙正洛：《有关提升国际竞争力的港口开发政策方向：东北亚中心港口竞争的港口临界规模和中转货物影响因素分析》，韩国首尔大学2008年博士学位论文。

蒋方知：《有关海运环境变化引起的光阳港竞争力决定因素的实证研究》，韩国顺天大学2014年博士学位论文。

卢润珍：《有关集装箱码头运营业主间竞合形成影响因素和效果的实证分析》，韩国中央大学2007年博士学位论文。

金义坤：《东北亚地区釜山港竞争力强化方案研究》，韩国东义大学2008年博士学位论文。

蔡艺：《有关以效率和SWOT分析为主的中国主要港口的竞争力强化方案研究》，韩国朝鲜大学2009年博士学位论文。

李龙善：《釜山港竞争力影响要因分析及竞争优势提升方案研究》，韩国东亚大学2012年博士学学位论文。

朱艳：《宁波·舟山港的 Hub - Port 利用率提升方案的实证研究》，韩国顺天大学 2012 年博士学位论文。

郑辉：《我国港口竞争力及其演化的理论方法和应用》，天津大学 2007 年博士学位论文。

曾凡华：《基于深圳港口国际中转的博弈与决策研究》，天津大学 2008 年博士学位论文。

张廷发：《集装箱港口竞争分析与对策研究》，山东师范大学 2009 年博士学位论文。

马文植：《仁川港腹地物流园区开发对区域经济的影响分析》，韩国仁川大学 2010 年博士学位论文。

庆圣林：《关于韩中港口腹地园区的效率和竞争要因比较分析的研究：以韩国光阳港和中国青岛港为中心》，韩国全南大学 2014 年博士学位论文。

姜贤巨：《韩国集装箱运营公司的经营效率评价研究》，韩国海洋大学 2011 年博士学位论文。

文光勋：《韩国绿色港口政策满意度的研究》，韩国中央大学 2011 年硕士学位论文。

日本国土交通省：《港口行政》，2008 年。

李子奈：《管理创新在经济增长中贡献的定量分析》，第七届中国数量经济学年会，2001 年。

姜尚坤：《港口产业集群的构筑研究：以首都圈地区为中心》，韩国仁川大学 2008 年博士学位论文。

金英浩：《关于提高集装箱码头生产率的港口装卸装备的预防保全研究》，哈国海洋大学 2006 年博士学位论文。

金仁守：《韩国集装箱码头运营公司的国际竞争力强化方法研究》，韩国海洋大学 2011 年博士学位论文。

金柱石：《新再生能源发电设施安装方案研究》，韩国产业大学 2012 年硕士学位论文。

柳炳恩：《港口物流服务构成要素对顾客港口评价和再利用意图的影响》，韩国东义大学 2010 年博士学位论文。

木镇勇、朴秀珍：《海洋环境管理法的主要新设制度评价和立法课题》，韩国海洋水产开发院《政策研究》第3期。

裴白植:《港口物流供应企业服务品质要因对顾客满意和关系的影响》,韩国东明大学2012年博士学位论文。

宋龙释:《超大型中心港开发战略:以总成本分析为中心》,韩国海洋大学2005年博士学位论文。

沈向东:《应对气候变异的低碳·绿色港口物流体系的改进研究》,韩国昌原大学2009年硕士学位论文。

安善英:《工矿业的动态生产率变化和要因分析研究》,韩国全南大学2012年博士学位论文。

元书镇:《港口集群构建和企业竞争力对企业成果的影响:以平泽港为中心》,韩国湖西大学2014年博士学位论文。

尹炳丘:《东北亚物流中心形成的港口腹地构建战略的实证研究》,韩国海洋大学2005年博士学位论文。

林一圭:《釜山港的中转货物吸引战略研究》,韩国海洋大学2010年博士学位论文。

林宗贯、金宇浩、全形真、高炳玉、金恩秀:《韩国海洋产业的新增长动力方案研究》,韩国海洋水产研究院《政策研究》2009年。

林宗贯、李彦庆、金灿浩、金正宪:《绿色海运展望和对应战略》,韩国海洋水产开发院《政策研究》2010年。

全形真、李柱浩、金宇善、金灿浩:《海洋环境变化对光阳港港口竞争力影响要因的实证研究》,韩国海洋水产研究院《政策研究》2010年。

郑洪子:《昌原市港口物流产业的发展方案研究》,韩国昌原大学2012年博士学位论文。

赵龙甲:《光阳港的起终点(OD)影响要因实证分析》,韩国海洋大学2006年博士学位论文。

崔龙禄:《物流产业的绿色生产效率评价和国际竞争力强化方案研究》,《通商信息研究》第14卷第4号。

河东宇:《东北亚主要集装箱港口的竞争状况分析》,韩国海洋产业研究院,1996年。

韩国技术社会:《港口环境污染和环境友好型港口—绿色港口的建设》,

1988 年。
韩玉：《集装箱港口中转货物争夺竞争模型构建及对釜山港和上海港的适用研究》，韩国木浦海洋大学 2012 年博士学位论文。
刘洛初：《韩中主要集装箱枢纽港的吞吐量影响要因的实证分析》，韩国木浦海洋大学 2014 年博士学位论文。
李正东、吴东宪：《效率分析理论》，韩国 JP Media 出版社 2012 年版。
姜泰元：《信息技术、供应链协调、供应链整合》，浙江大学 2013 年博士学位论文。
金碚：《竞争力经济学》，广州经济出版社 2003 年版。
金碚：《中国企业竞争力报告》，社会科学文献出版社 2003 年版。
金寅镐、路江涌、武亚军：《动态战略研究：最佳商业范式的发现和实现》，北京大学出版社 2013 年版。
董岗：《现代港口竞争力的理论与应用研究》，复旦大学 2011 年博士学位论文。
邓蕾：《中国集装箱港口企业生产率测度研究》，重庆大学 2011 年博士学位论文。
吕梁：《港口综合竞争力评价模型与方法及其实证研究》，大连海事大学 2011 年博士学位论文。
刘明辉：《腹地型港口物流系统节点设施规划布局与运作机制研究》，北京交通大学 2011 年博士学位论文。
刘瑞波：《基于可持续发展观的我国投资银行竞争力问题研究》，天津大学 2007 年博士学位论文。
刘秀国：《基于可持续发展的港口物流绩效评价及预警研究》，天津大学 2009 年博士学位论文。
李大元：《不确定环境下基于动态能力的企业持续竞争优势构建研究》，经济科学出版社 2011 年版。
马占新：《广义数据包络分析方法》，科学出版社 2012 年版。
迈克尔·波特：《竞争战略》，陈小悦译，华夏出版社 1997 年版。
庞瑞芝：《我国主要沿海港口的动态效率评价》，《经济研究》2006 年第 6 期。
孙巍：《效率与生产率的非参数分析：方法、软件与应用》，社会科学文献出版社 2010 年版。

宋炳良、德兰根:《港口经济、政策与管理》，格致出版社 2009 年版。

施新:《港口作业供需函数及福利效率分析》,《系统工程》2000 年第 18 期。

杨建勇:《现代港口发展的理论与实践研究》，上海海事大学 2005 年博士学位论文。

王忠玉:《效率与生产率分析引论》，中国人民大学出版社 2005 年版。

王海平:《港口发展战略与规划》，天津人民出版社 2005 年版。

张金昌: 《国际竞争力评价的理论与方法》，经济科学出版社 2002 年版。

张翼:《集装箱港口竞争力与竞争策略研究》，武汉理工大学 2014 年博士学位论文。

张哲: 《产业集群内企业的协同创新研究》，人民交通出版社 2011 年版。

田炜:《集装箱港口网络效应研究》，大连理工大学 2008 年博士学位论文。

蔡晓月:《熊彼特式创新经济学分析——创新原域、连接与变迁》，复旦大学出版社 2009 年版。

黄明元:《基于循环经济的企业竞争优势研究》，湖南农业大学 2011 年博士学位论文。

吉阿兵:《集装箱港口的竞争策略研究》，复旦大学 2006 年博士学位论文。

姜东俊:《班轮公司的港口连接指数对港口竞争力的影响研究》，韩国中央大学 2013 年博士学位论文。

Porter, Michael E. "The Competitive Advantage of Nations." *Harvard Business Review*, March, 1990.

Hoffer, W. C. and Schendel, D. *Strategy Formulation*: *Analytical Concepts*. St. Paul, MN: West, 1978.

Barney, J. B. "Looking Inside for Competitive Advantage." *The Academy of Management Executive*, 1995, 9 (4), 49-62.

MacMillan, I. C. "Controlling Competitive Dynamics by Taking Strategic Initiative." *The Academy of Management Executive*, 1988, 2 (2), 111-118.

D'Aveni, R. A. *Hypercompetition: Managing the Dynamics of Strategic Maneuvering*. New York, Free Press, 1994.

Teece, D. J., Rumelt, R. and Shuen, A. "Dynamic Capabilities and Strategic Management." *Strategic Management Journal*, 1997, 18 (7), 509-530.

Teece, D. J. "Explicating Dynamic Capabilities: The Nature and Microfoundations of (sustainable) Enterprise Performance." *Strategic Management Journal*, 2007, 28 (13), 1319-1350.

Helfat, C. E., Finkelstein, S., Mitchell, W., et al. *Dynamic Capabilities: Understanding Strategic Change in Organizations*. Blackwell Publishing, 2007.

Fleming, D. K. and Yahuda, Hayuth. "Spatial Characteristics of Transportation Hubs: Centrality and Intermediacy." *Journal of Transport*, 1994.

Charnes, Cooper and Rhodes. "Measuring the Efficiency of Decision Making Units." *Europen of Operational Research*, 2 (6): 429-444.

Banker, Charnes and Cooper. "Some Models for Estimating Technical and Scale Inefficiencies in Data Envelopment Analysis." *Management Science*, 30 (9): 1078-1092.

Chan, K. W. and Renee, M. "Creating New Market Space." *Harvard Business Review*, 1999 (1-2), 83-93.

Clark, P. and Mueller, F. "Organizations and Nations: From Universalism to Institutionalism." *British Journal of Management*, 1996 7 (2), 125-140.

David, A. G. and Michael, G. H. "A Resource Perspective of Global Dynamic Capabilities." *Journal of International Business Studies*, 2001 32 (3), 597-603.

Fare, R., Grosskoph, S., Lovell, C. and Pasurka, C. "Multilateral Productivity Comparisons When Some Outputs are Undesirable: A Non-Parametric Approach." *The Review of Economics and Statistics*, 1989 (71), 90-98.

Fleming, D. K. and Yahuda, Hayuth. "Spatial Characteristics of Transportation Hubs: Centrality and Intermediacy." *Journal of Transport*, 1994.

Helfat, C. E., Finkelstein, S., Mitchell, W., et al. "Dynamic Capabilities: Understanding Strategic Change in Organizations." *Blackwell Publishing*, 2007.

Koh, C. E. and Watson, H. J. "Data Management in Executive Information Systems." *Information & Management*, 1998 33 (6), 301-313.

MacMillan, I. C. "Controlling Competitive Dynamics by Taking Strategic Initiative." *The Academy of Management Executive*, 1988 2 (2), 111-118.

Barney, J. B. "Organizational Culture: Can It Be a Source of Sustained Competitive Advantage." *Academy of Management Review*, 1991 (17), 97-98.

Barney, J. B. "Looking Inside for Competitive Advantage." *The Academy of Management Executive*, 1995 (4), 49-62.